비호감으로 오해받고 있습니다

소피 코리건 지음
김아림 옮김

웅진주니어

이 책에 나오는 동물들

거미	6	늑대	46
검은 고양이	10	개미	50
흡혈박쥐	14	생쥐	54
상어	18	나방	58
하이에나	22	여우	62
스컹크	26	두꺼비	66
독수리	30	황소	70
쥐	34	족제비	74
말벌	38	악어	78
뱀	42	비둘기	82

해치지 않아요.

내가 나오는 곳 먼저 봐 줘!

악플 반사!

낙타	86	무서운 개들	126
전갈	90	지렁이	130
까마귓과 새들	94	코모도왕도마뱀	134
범고래	98	돼지	138
해파리	102	대왕오징어	142
쇠똥구리	106	갈매기	146
지네	110	늑대거북	150
민달팽이	114	태즈메이니아데블	154
아귀	118	알아봐요	158
주머니쥐	122		

잘 들어요, 인간들!

지금껏 인간 여러분이 우리 동물들에 대해 어떻게 얘기하고 다녔는지 잘 알아요. 그동안 여러분은 우리를 모함했지요! 기분 나쁘고, 소름 끼치고, 못생기고, 징그럽고, 구역질 나고, 정말 역겹다고 말이에요. 하지만 그건 여러분이 잘못 알고 있는 거예요. 그건 모두 우리를 둘러싼 나쁜 소문일 뿐이라고요!

여러분은 거미가 슈퍼 히어로와 비슷한 능력을 가졌다는 걸 아나요?
거미 다리에는 짧은 털이 있어서 벽에 찰싹 달라붙을 수 있죠.
같은 무게일 때 거미줄은 강철보다 5배나 더 강하답니다.

나방이 아름다운 식물들의 꽃가루를 옮겨서
열매를 맺을 수 있게 돕는다는 사실을 아나요?

여러분은 비둘기가 전쟁 영웅이었다는 사실도 몰랐을 거예요.
비둘기는 방향 감각이 무척 뛰어나서 제1차 세계대전과 제2차 세계대전 중에
편지와 소식을 전하는 임무를 맡았어요!

그러니 우리는 나쁘거나 무서운 동물이 전혀 아니에요.
그동안 오해받고 있었을 뿐이라고요!

밤이면 거미는 사람들의 얼굴 위로 기어올라. 그러면 사람들은 가끔 거미를 삼키기도 해. 실제로 1년에 8마리 정도 거미를 씹어 삼켰을걸!

내가 그쪽으로 가도 될까?

사람들이 있는 곳은 어디든 1m 안에 거미가 살고 있어. 거미는 정말 어디에나 있는 것 같아!

어디에 집을 지어 볼까?

알다시피 거미는 무시무시한 존재야. 거미가 깨물면 온몸에 독이 퍼질 수도 있어. 거미인간이 될지도 모르지!

그건 다 허튼소리예요!

여러분이 나를 무서워하는 것보다 내가 여러분을 더 무서워할 거예요. 당연하잖아요! 우린 납작쿵 짓눌려서 죽고 싶지 않다고요!

여러분이 자다가 거미를 삼킬 일은 없을 거예요. 사람의 입 가까이 다가갈 만큼 무모한 거미는 거의 없거든요. 그건 다 여러분을 겁주는 말일 뿐이에요.

대체 우리가 여러분의 머리카락 속으로 왜 파고들겠어요? 여러 개의 다리를 쫙 펼치려면 넓은 공간이 필요한데 말이에요.

우리 거미들 가운데 절반 정도만 거미줄을 만들어요. 그리고 우리는 정말, 정말로 여러분을 거미줄에 걸려들게 할 생각이 없답니다! 우리가 거미줄을 만드는 건 저녁거리를 잡기 위해서예요. 여러분이 거미줄을 망가뜨려 버리면 우리는 그걸 처음부터 다시 만들어야 해요.

누구도 먹잇감을 놓치고 싶지 않지.

몸에 조금 털이 많다고 해서 편견을 갖지는 말아 주세요.

내가 얼마나 멋진지 한번 보세요!

팩트 체크 :

* 지구상에는 4만 종이 넘는 거미가 있고, 거의 모든 종이 8개의 다리와 8개의 눈을 가졌어요. 거미는 손가락, 발가락도 많고 눈도 많아요!

* 거미는 사실 곤충이 아니에요. 거미류라는 절지동물의 한 부류죠. 거미는 전갈, 진드기와 같은 무리에 들어요.

* 거미의 다리에는 작은 털이 나 있어서 벽이나 유리 위를 기어 다닐 수 있어요. 여러분이 보기에는 대단한 묘기 같겠죠!

* 거미는 환경에 좋은 영향을 미쳐요. 해로운 곤충들을 잡아먹는 동시에 새나 개구리, 도마뱀, 심지어는 같은 거미들에게 꼭 필요한 먹잇감이 되죠. 자기가 만든 거미줄을 먹어 재활용하기도 한답니다.

나는 다리가 많아서 귀엽게 종종걸음으로 돌아다녀요!

나는 사실 정말 귀여워요. 내 조그맣고 사랑스러운 발을 한번 구경해 봐요.

앗, 조심!

우리는 어디에나 있지 않아요! 벌레를 잡으러 다니느라 너무 바빠서 여러분이 있는 곳에 돌아다닐 시간이 별로 없거든요.

거미줄은 소름 끼치고 섬뜩한 게 아니라 엄청 대단한 작품이에요. 우리가 만들어 내는 거미줄은 아주아주 튼튼해요. 같은 무게일 때 거미줄은 강철보다 5배나 더 튼튼하답니다!

아무런 이유도 없이 인간을 향해 '하악', '캬악' 소리를 내서 겁주는 것 좀 봐!

캬악! 캬악!

검은 고양이는 모든 걸 할퀴어.

특히 우리가 좋아하는 물건만 골라서 말이지.

검은 고양이와 길에서 마주친다면 그날 하루는 완전히 망친 거야. 검은 고양이는 불운의 상징이거든.

내가 무섭다고요?
말도 안 되는 소리!

팩트 체크:

* 여러분은 고양이가 귀를 180도 돌릴 수 있고, 사람보다 청력이 5배나 더 좋다는 사실을 아나요?

* 고양이들은 몸이 엄청나게 유연해요. 고양이는 자기 키의 7배 되는 높이까지 점프할 수 있답니다. 대단하죠!

* 이야옹, 야옹, 냐옹! 고양이는 왜 울까요? 사실 고양이들은 사람들과 의사소통을 하기 위해 이런 울음소리를 개발했어요. 고양이끼리 야옹거리는 경우는 드물어요.

* 고양이들은 잠자는 걸 좋아해요. 여러분도 그런가요? 집고양이들은 하루의 약 70%를 자는 데 보내고, 15%는 자기 몸을 핥고 몸단장(그루밍)하는 데 써요.

우리는 **겁먹었을 때만** '하악', '캬악' 하고 날카로운 소리를 내요. 평소에는 '야옹' 하고 울 때가 많아요. 조금 관심을 주었으면 하는 뜻이죠.

여러분이 좋아하는 물건을 일부러 긁는 게 절대 아니에요. 발톱이 빨리 자라기 때문에 적당한 길이로 만들려고 그러는 거랍니다.

'캣닢'이라 불리는 식물 '개박하'를 주면 나는 아주 **귀엽고 바보같이** 행동할 거예요.

내가 긁을 수 있는 기둥(스크래처)을 사 주면 가구를 긁지 않아요.

털실 공은 **훌륭한 장난감이죠!**

여러분과 놀다가 실수로 할퀼 수도 있어요. 미안해요, 너무 흥분한 나머지 그랬답니다!

물론 나에게는 발톱이 있어요. 하지만 **젤리처럼 말랑거리는** 발바닥도 있답니다!

우리의 목숨은 하나랍니다! 목숨이 9개라는 이야기는 우리가 길에서도 잘 지내고 몸이 잽싸며, 나쁜 상황을 헤쳐 나가는 능력도 좋기 때문에 생긴 걸 거예요.

장난감 생쥐를 주면 정말 **좋아요**.

마녀들은 사악해 보이지만 신비롭지 않나요? 우리도 그래요.

정말 바보 같은 소리네요!

나는 귀가 큼직해서 무척 귀여워요!

여러분은 나를 무서워할 필요가 없어요. 몸집이 고작 찻잔만 하니까요.

나는 머리카락에 앉기 싫어요. 머리카락에 엉켜 날개를 움직이지 못한다면 정말 기분 나쁠 거예요.

나는 여러분에게 날아들지도 않아요. 장애물을 잘 피하고 길도 아주 잘 찾기 때문이죠!

그래요, 내가 피를 빨아 먹고 사는 건 사실이에요. 하지만 보통은 소나 돼지의 피를 빨죠. 인간들은 걱정할 필요가 없어요.

나는 피를 빨렸는지도 몰랐다고.

나는 '반향 정위'라는 방법으로
방향을 찾아요. 음파를 내보내
되돌아오는 음파를 듣고
위치를 파악하는 방식이죠.
정말 멋지지 않나요?

내 이름만으로 날 무섭다고 여기지 말아요!
정 이름이 무섭다면 '나뭇잎 모양 코 박쥐'라고
바꿔 부르는 게 어때요? 아니면 내 라틴어 이름인
'데스모두스 로툰두스(Desmodus rotundus)'라고
부르든가요. '데스몬드'라고 짧게 줄여 불러도 좋아요.

어떤 것에든 잘 달라붙는
작고 귀여운 손을
가졌어요!

나는 밤하늘을
날아다니는 강아지처럼
폭신하고 귀여워요.

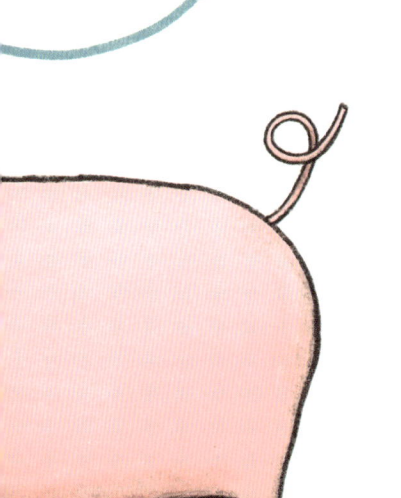

팩트 체크 :

* 흡혈박쥐는 코에 열 감지 기관이 있어서 따뜻한 피를 가진 동물의 위치를 찾아요.

* 흡혈박쥐의 침에는 '드라큘린'이라는 성분이 있어서 박쥐가 피를 빨아 먹는 동안 피가 굳지 않고 계속 흐르게 해요. 하지만 걱정하지 말아요. 박쥐가 목숨을 앗아 갈 정도로 피를 많이 빨지는 않으니까요. 단지 굶주린 배를 채울 정도만 피를 마셔요.

* 드라큘라 백작과는 달리 흡혈박쥐는 다른 박쥐들과 잘 어울리며 서로를 보살펴요. 박쥐는 100마리에서 많게는 1,000마리가 모여 군집 생활을 해요. 그리고 따뜻하고 어두우며 안락한 동굴 안에서 살지요.

* 흡혈박쥐 새끼들은 피를 빨아 먹지 않아요. 대신 어미 몸에서 나오는 젖을 먹죠.

등골이 오싹해질 만큼 무서운 마귀상어야!
얼마나 무서우면 이름에 '마귀'가 붙겠어?
이름만 들어도 벌써 몸이 떨려 오네.

상어는 인간들이 탄 보트를
꿀꺽 집어삼킬 수도 있어.

귀상어를 조심해! 그들은
뭉툭하게 튀어나온 머리로
마구 때려 부술 거야.

상어는 물속에서
우글우글
몰려다녀!

상어는 흐릿한 물속에서
조용히 돌아다니며 사람들을
잡아먹을 궁리만 하지.

깊고 푸른 바다에서
가장 무서운 존재가
바로 상어들이야.

19

멍청한 소리 좀 그만해요!

나 백상아리는 대단한 존재이긴 하죠. 바다의 먹이사슬에서 가장 꼭대기에 있는 포식자니까요. 모든 생명체를 마구잡이로 잡아먹는다는 뜻은 아니에요. 나는 바다 생태계의 균형을 잡아 줘요. 바다가 건강하면 지구도 건강해지고요.

물론 우리 중에 **마귀상어**가 있어요. 하지만 **천사상어**라고 불리는 전자리상어도 있답니다!

주둥이 끝에는 작은 구멍들이 나 있어서 먹잇감을 찾는 데 도움을 줘요.

이 구멍으로 먹잇감이 내보내는 전류를 감지하거든요.

나는 물속의 귀염둥이인 데다 가장 **멋진 생명체** 가운데 하나일 거예요!

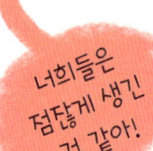

너희들은 점잖게 생긴 것 같아!

여러분은 우리 상어에 물려 죽는 것보다 벼락을 맞거나
가전제품에 감전되는 걸 더 걱정해야 할 거예요!

팩트 체크 :

* 놀랍게도 상어들은 앞으로만 헤엄칠 수 있어요. 상어의 지느러미는 구부러지지 않아 뒤로 헤엄칠 수 없거든요.

* 상어는 아주 먼 옛날부터 지구에 살았어요. 약 4억 5,000만 년 전부터요! 인간보다 훨씬, 훨씬 예전부터 존재했던 거죠.

* 상어의 피부는 놀랄 만큼 두꺼워요. 덕분에 몸을 따뜻하게 유지하고 튼튼한 근육을 보호할 수 있죠. (피부가 두꺼운 만큼 정신력도 강해서 나쁜 소문을 들어도 별로 마음이 상하지 않을 거예요.)

* 인간 다음으로 먹이사슬의 꼭대기에 있는 존재가 바로 백상아리예요. 이 말은 다른 어떤 동물도 백상아리를 잡아먹으려 위협할 수 없다는 뜻이죠.

내 지느러미는
뾰족해요.
정말 멋지지 않나요?

고래상어는 이빨도 거의 없어요.
그러니 전혀 무서워할 필요가 없죠.

게다가 고래상어의 몸에는 귀여운
물방울무늬가 있답니다!

안녕!

하! 웃기는 소리 그만하시죠!

나는 사실 무척 영리해요. 침팬지보다도 더 똑똑하죠!

가운데만 바짝 세운 머리가 멋지지 않나요? 모히칸식 헤어스타일이에요.

여러분도 알겠지만 **나는 엄청 귀여워요.** 솜털이 푹신한 커다란 귀를 좀 보라고요.

우리가 우는 소리를 듣고 시시덕거리는 농담을 즐기는 동물이라고 오해하지 않으면 좋겠어요.

우리는 악마처럼 낄낄대며 웃는 게 아니에요. 흥분했거나 겁먹었을 때 내는 소리랍니다.

나는 누군가의 먹잇감을 훔치거나 썩은 고기만 찾아다니지 않아요. 내가 먹는 먹잇감의 절반 정도는 직접 잡은 거예요.

24

나는 아주 흥미로운 동물이라고요!

팩트 체크 :

* 하이에나는 3가지 종이 있어요. 그 가운데 점박이하이에나가 가장 흔한데 대부분 사하라 남쪽 아프리카에 살죠.

* 점박이하이에나는 커다란 무리 속에서 살아가는, 무척 사회성이 뛰어난 동물이에요. 한 무리 안에 최대 130마리가 있죠.

* 점박이하이에나 무리를 이끄는 건 권력을 쥔 암컷 하이에나 한 마리예요. 여성의 힘은 대단하죠!

* 점박이하이에나는 서로 의사소통하기 위해 여러 소리를 이용해요. 그 가운데는 외침이나 함성 같은 소리도 있지만 '꾸르륵' 소리도 있는데, 이게 낄낄대는 웃음처럼 들리는 경우가 많아요!

서로 힘을 합쳐야 멋진 일을 할 수 있죠!

남은 고기 좀 없어?

오히려 사자들이 내가 사냥한 먹이를 훔쳐 가곤 해요!

적당히 좀 해요!

좋아요, 내 엉덩이에서 장미 향기가 나지 않는다는 건 사실이죠. 하지만 여러분 엉덩이 역시 마찬가지일 거예요.

환경에 따라 나는 사람들이 사는 집 근처에 집을 짓기도 해요. 신경 쓰이게 했다면 미안해요. 하지만 사람들과 부딪칠 일은 거의 없을 테니 믿어 줘요.

만약 우리가 가까이 살게 된다면, 나는 여러분의 정원에서 도마뱀, 뱀, 생쥐같이 여러분이 싫어하는 생물들을 기꺼이 없애 줄게요!

팩트 체크:

* 스컹크는 시력이 아주 나빠요. 그 대신 냄새를 잘 맡고 귀가 매우 밝죠.

* 스컹크는 잡식동물이라서 식물과 동물 둘 다 잘 먹어요. 스컹크는 과일과 곤충, 지렁이와 개구리를 즐겨 먹으며 가끔은 고양이보다도 생쥐 사냥을 잘한답니다!

* 스컹크는 공격성이 아주 약한 동물이에요. 냄새를 뿜는 건 위험을 마주했을 때 스컹크가 할 수 있는 유일한 방어 행위죠.

* 스컹크는 굴을 파고 그 안에서 살아요. 살아 있는 나무나 통나무, 땅속에 굴을 파기도 하지만 다른 나라에서는 가끔 마당이 있는 집에 굴을 파죠. 그러면 집주인인 사람과 문제가 생겨요.

내가 내뿜는 냄새를 없앨 수는 없어요. 그러니 애초에 나를 겁먹게 하지 마세요. 나는 위협을 느낄 때만 냄새를 뿜어내니까요.

나는 겁먹으면 이렇게 폴짝 뛰어!

여러분은 내가 꽤 예쁘게 생겼다는 사실을 인정해야 할걸요. 그리고 멋진 줄무늬는 가까이 다가오지 말라는 경고의 메시지를 담고 있어요.

우리는 냄새를 풍기기 전에 언제나 미리 경고를 해요. 우리는 이렇게나 상냥하답니다!

나는 냄새를 뿜기 전에 발을 굴러요. 게다가 점박이스컹크는 깜찍하게도 물구나무서기를 한답니다. 솔직히 말하면, 인간들도 썩 좋은 냄새를 풍기지는 않아요!

바보 같은 말이에요!

우리는 '자연의 청소부'라는 별명을 갖고 있어요! 살아 있는 동물은 거의 죽이지 않고 남은 고기를 재활용해서 찾아 먹고 있거든요. 재활용은 좋은 거니까요.

내가 이렇게 죽은 동물의 사체를 먹어 대초원을 깨끗하게 치우지 않으면 여기저기에 냄새나는 동물의 사체가 넘쳐 날 거예요. 그거야말로 끔찍한 일이죠!

팩트 체크 :

* 독수리는 생태계에 꼭 필요한 존재예요. 동물의 사체를 깨끗이 먹어 치워 없애기 때문에 전염병이 퍼지는 걸 막아 주죠. 다른 동물이나 사람들이 병들지 않게 하는 거예요.

* 먹이를 먹고 있는 독수리 떼는 영어로 '웨이크(wake)'라고 부르고 대형을 지어 날아가는 독수리 떼는 '케틀(kettle, 주전자)'이라고 불러요. 물 따르는 주전자가 아닙니다.

* 독수리의 한 종류인 안데스콘도르는 새들 가운데 날개 길이가 가장 길어요. 날개 길이는 양 날개를 다 펼쳤을 때 한쪽 날개 끝에서 다른 쪽 날개 끝까지의 길이를 말하는데 독수리는 거의 3.5m나 되지요. 깃털도 무척 커요.

* 독수리는 화가 나거나 짜증이 나면 머리 전체가 붉은색으로 달아올라요. 마치 성이 나서 얼굴이 빨개지는 사람처럼 말이에요.

징그러운 쥐야!

쥐는 무엇이든 공격할 수 있으니 조심해!

쥐는 아무리 작은 구멍이라도 빠르게 총총대며 지나다녀. 사람들은 쥐가 다가오는 소리를 듣지도 못하지. 쥐들은 어디든 비집고 들어가기 천재야.

쥐의 털은 고약한 냄새를 풍기지. 얼굴은 못생긴 데다 성격도 나빠.

쥐는 어디든 친구들과 함께 몰려다녀. 쥐 한 마리를 봤다는 건 어딘가 근처에 쥐 친구들이 우글댄다는 뜻이야.

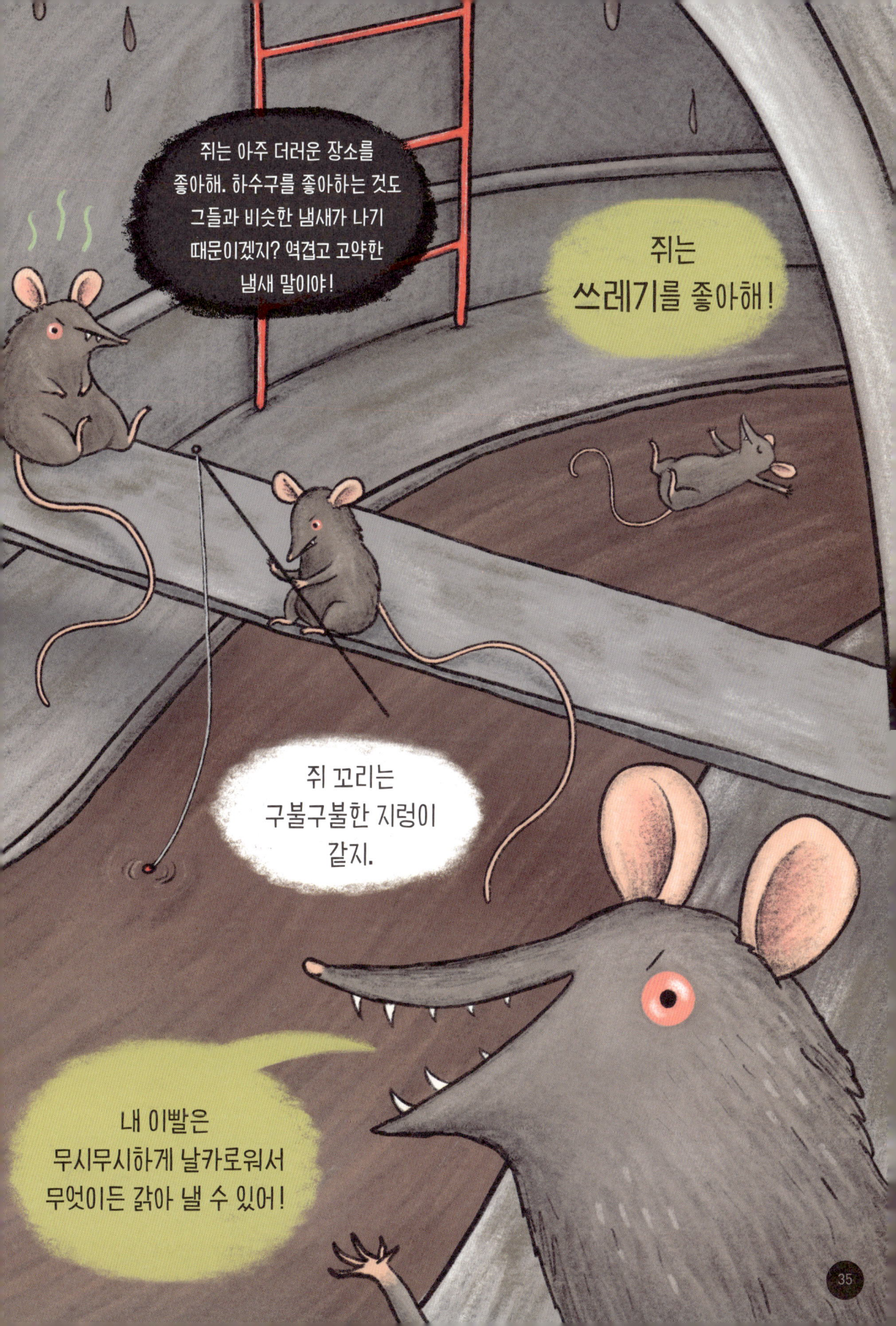

말도 안 돼요!

나는 분홍색 귀에 블랙베리 같은 눈을 가졌죠. 누가 나보고 못생겼대요?

나는 털이 보송보송하고 귀여운 동물이에요!

내가 하수구에 사는 이유는 그곳이 안전하다고 느끼기 때문이에요. 그곳 말고도 몸을 편안히 웅크리고 쉴 공간이 있다면 어디든 괜찮아요. 나는 가끔 나무속에서도 산답니다.

나는 정말 영리하다고요!

팩트 체크 :

* 쥐는 기억력이 정말 좋아요. 과학자들에 따르면 쥐는 이전에 봤던 사람 얼굴도 기억할 수 있다고 해요.

* 몇몇 사람들은 쥐를 애완동물로 키워요. 쥐는 아주 똑똑해서 재주를 빨리 배우는 데다 장난감 갖고 놀기를 좋아하죠!

* 쥐들은 무척 사회적인 동물이에요. 사람들의 귀에 들리지 않는 작은 소리로 서로 의사소통을 하죠. 쥐가 내는 찍찍 소리는 사람의 웃음소리처럼 들리기도 해요.

* 야생 쥐들은 병을 옮기기 때문에 가까이 가지 않는 게 좋아요.

나는 사실 더러운 동물이 아니에요. 실제로는 무척 깨끗하답니다. 하루에도 몇 번씩 내 몸을 핥아서 깨끗하게 해요! 여러분이 샤워하는 횟수보다 많을걸요. 그럼 누가 더 냄새나는 동물일까요?

화가 나서 깨무는 건 사실 내 취미가 아니에요. 하지만 대부분의 동물이 그렇듯이 위험하다고 느끼면 방어하기 위해 물 수도 있어요.

나처럼 귀여운 동물이 어디 있어?

나는 뭔가를 갉고 씹는 걸 좋아해요. 하지만 그건 성격이 나빠서가 아니라 내 이빨이 계속 자라기 때문이라고요! 내 이빨은 1년에 12cm까지 자라기도 해요. 그래서 이빨을 잘 다듬어야 하죠. 우리 쥐들 사이에는 치과 의사가 없으니까요!

정말 억울하네요!

나는 사실 정말 쓸모가 많은 곤충이랍니다.

단점이 조금 있기는 하지만, 우리는 수많은 해충을 먹어 치우는 역할을 해요. 우리가 없으면 스멀스멀 기어 다니는 해로운 벌레들이 엄청 많아질 거예요. 그러면 지구에도 몹시 해로울 테고요.

나는 여러분을 쫓아가는 게 아니에요. 그저 여러분이 들고 있는 아이스크림 냄새에 끌렸을 뿐이라고요! 나는 달콤한 음식을 아주 좋아한답니다.

한입만 맛보면 안 될까요? 제발요.

내 몸의 무늬는 눈에 잘 띄는 색으로 되어 있어요. 이건 내게서 멀리 떨어지라고 여러분에게 예의 있게 경고하는 거예요.

윙 이 잉

으 으 흐

내가 꿀을 만들지 않는 건 사실이에요. 하지만 식물의 꽃가루를 옮겨 수분시키는 일은 하죠. 그러면 예쁜 꽃들이 많이 피어나고 열매를 맺는답니다!

우리는 재미로 사람들을 쏘지 않아요.
위협을 느꼈을 때만 침을 쏘죠.
우리가 사람들을 해치는 것보다 사람들이
우리를 해치는 경우가 더 많을 거예요.

내 사촌인 꿀벌은 평판이 꽤 좋죠.
우리는 꿀벌과 달리 기본적으로 다른 곤충을
잡아먹는 포식자 벌이에요.

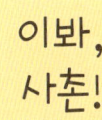

이봐, 사촌!

성가신 이 진딧물들을
없애 주어서 고마워요.
우리는 말벌 님을
정말 좋아한답니다.

자, 이제 알겠죠? 내가 쓸모 많은 곤충이라는 걸요.

팩트 체크 :

* 말벌은, 농작물을 먹어 치우는 곤충들을 잡아먹어 식물이 건강하게 자라도록 도와요. 말벌이 없으면 농부들은 해로운 곤충들을 죽이기 위해 지독한 살충제를 더욱 많이 써야 할 거예요.

* 말벌의 침에는 독이 들어 있어요. 그리고 그 안에는 '페로몬' 이라는 것이 들어 있어서 말벌을 공격적으로 변하게 해 침을 쏘게 만들어요. 따라서 말벌을 찰싹 때려서 쫓으려 하면 안 돼요. 그러면 반드시 자기 자신을 방어하려고 침을 쏠 거예요.

* 침을 쏘는 말벌은 사실 전부 암컷들이랍니다. **아야!**

* 여러분이 자극하지만 않으면 말벌들이 먼저 여러분을 공격하는 일은 드물어요. 말벌이 보이면 가능한 한 멀리 떨어지는 게 가장 좋아요. 가끔은 말벌들이 지나다니는 길을 가로지르는 것만으로도 말벌을 화나게 할 수 있으니까요.

그건 다 **거짓말이에요.** 스스스스슷!

내 눈은 그렇게 무섭지 않아요! 사실 반짝이는 보석처럼 아주 예쁘답니다! 가끔은 내가 한곳을 가만히 바라보는 것처럼 보이는데, 그건 내게 눈꺼풀이 없어 눈을 깜박이지 못하기 때문이죠.

내 몸은 그렇게 미끄럽지 않아요. 나의 아름다운 비늘은 건조한 데다 매끄럽고 사랑스럽죠. 그리고 시원해서 만지기도 좋아요!

둘로 갈라진 내 조그만 혀는 실제로 보면 아주 귀여워요. 내가 혀를 날름거리는 이유는 냄새가 어디서 나는지 알기 위해서죠.

어디서 맛있는 냄새가 나는걸. 쉬잇 쉬잇!

나는 풀밭에서 여러분을 노리고 있지 않아요. 무슨 그런 말도 안 되는 소리를 하는지. 오히려 밟힐까 봐 도망 다니죠. 밟히면 정말 아프다고요!

먹잇감이 도망가지 못하도록 몸으로 꽉 조이는 건 사실이에요. 하지만 먹잇감을 죽이려면 어쩔 수 없죠. 배 속에서 꿈틀꿈틀 움직이게 둘 수는 없잖아요.

팩트 체크 :

* 뱀은 턱이 유연해서 놀랄 만큼 크게 벌어져요. 자기 머리보다 큰 먹잇감도 통째로 삼킬 수 있답니다!

* 지구상에는 3,000종이 넘는 뱀이 있어요. 뱀은 여기저기에 널리 퍼져 사는데 지금은 남극과 북극을 제외한(여기는 너무 추우니까요.) 모든 대륙에서 산답니다.

* 몇몇 뱀은 독을 갖고 있는 것처럼 속여요. 예를 들면 독성이 없는 우유뱀은 치명적인 독을 가진 산호뱀의 몸 색깔을 흉내 내죠. 굶주린 포식자들이 자기를 공격하지 못하게 하려는 거예요.

* 뱀은 뼈가 없는 것처럼 보이지만 사실 몸속에 뼈가 있어요. 구불구불하게 휘는 등뼈는 최대 400개나 된답니다.

모든 뱀이 독을 갖고 있지는 않아요. 뱀들 중 10% 정도만 인간에게 위험한 독을 가졌죠.

방울뱀이 방울 소리를 내는 건 여러분에게 물러서라는 경고의 뜻이에요. 꽤 사려 깊은 편이죠.

아, 그리고 난 여러분을 최면에 빠뜨리지 못해요. 그저 터무니없는 소문일 뿐이에요.

나는 내가 위협을 느꼈을 때만 누군가를 물어요. 그러니 나에게 겁을 주지 않으면 물지 않을 거예요. 알겠죠?

적당히 좀 하세요!

내가 늑대라서 하는 말은 아니지만, 나는 지구상에서 가장 아름다운 동물일 거예요. 내가 어떤 동물인지 자세히 알려 줄게요!

울부짖는 소리는 마치 음악 같지!

아우우우우! 내 울음소리가 무섭다는 사람들도 있어요!

팩트 체크 :

* 사람들에게는 음산하게 들리겠지만, 늑대들의 울부짖는 소리는 서로 의사소통하기 위한 거예요.

* 늑대들은 하루에 80km까지 이동하고, 시속 56km로 빠르게 달릴 수 있어요! 늑대가 우리처럼 운동화를 신었다면 엄청나게 빨리 너덜너덜해졌을 거예요.

* 늑대는 가족을 무척 중요시해서 보통 10마리 정도가 무리를 지어 지내곤 해요. 어떤 무리는 규모가 30마리에 이르기도 하죠.

* 개는 늑대의 친척이에요. 수천 년 전 인간에게 길들여진 늑대가 개의 조상이 된 거랍니다.

내가 없었다면 인간의 가장 좋은 친구인 개도 없었을 거예요! 여러분과 함께 살고 있는 개들은 조그만 야생 늑대의 후손이니까요. (치와와같이 조그만 개를 보면 늑대가 조상이라는 게 믿기지 않겠지만요.)

저기, 난 그렇게 못된 곤충이 아니에요!

사실 나는 지구 환경에서
중요한 역할을 맡고 있어요.
나와 내 친구들은 작은 쓰레기를 분해해서
지구를 깨끗하게 만들죠!

> 나는 작지만 강해요!

솔직히 여러분의 바짓가랑이 속은
그다지 관심 없어요. 내가 그 안에
들어갔다면 어쩌다 벌어진 실수일 거예요.
그게 아니라면 여러분이
우리 개미집 위에 앉아 있었겠죠.
자, 그럼 누구 잘못인가요?

> 나는 여기 살 거라고요!
> 그러니 엉덩이로 깔고
> 앉지 않게 조심해요.

우아한 여왕 님 만세!

난 몸집이 크고 아름답지. 여왕 폐하라고 부르면 돼.

우리 가운데 알을 낳는 건 여왕 님뿐이에요. 그리고 여러분의 샌드위치 속에는 결코 알을 낳지 않아요.

내가 달콤한 음식을 좋아하는 건 사실이에요. 하지만 그렇다고 내가 못된 곤충인 건 아니죠. 여러분도 단걸 좋아하잖아요. 안 그래요?

우리에 대해 오해하지 마시라고요!

팩트 체크 :

* 개미는 무리를 이뤄 사는데 이것을 '군락'이라 불러요. 같은 군락의 개미들은 힘을 모아 식량을 찾고 여왕개미에게 바치죠.

* 곤충들 가운데 몇몇은 태어난 지 몇 시간 만에 죽기도 해요. 하지만 개미의 한 종인 수확개미는 최대 수명이 30년이나 된답니다!

* 개미들은 '페로몬'이라는 화학 물질을 만들어 그 냄새로 서로 의사소통해요. 개미들은 페로몬으로 어디에 맛 좋은 식량이 있는지 표시하고, 다른 동료 개미들이 길을 잃지 않도록 흔적을 남겨요.

* 개미는 자기 몸무게의 50배나 되는 물건을 들 수 있답니다! 게다가 둘씩 짝을 짓거나 여러 마리가 힘을 합치면 더 무거운 이파리나 나뭇가지를 집으로 옮길 수도 있어요.

정말 훌륭한 팀이야!

우리는 **협동**을 무척 잘해요.

세상에, 내 말 좀 들어 봐요!

나는 솜털로 뒤덮인 작고 귀여운 동물이라고요!

팩트 체크 :

* 대부분 생쥐는 몸집이 아주아주 작아요! 몸길이가 8~10cm이고 몸무게는 7~40g 사이죠. 생쥐들은 자신의 조그만 몸을 납작하게 만들 수 있어요. 아주 좁은 틈새로도 몸을 비집고 들어갈 수 있다는 뜻이지요. 6mm 되는 틈새도 통과할 수 있답니다!

* 생쥐는 마치 고양이처럼 꼬리를 멋지게 활용해요. 몸의 균형을 잡거나, 감각을 느끼거나, 뭔가를 붙잡을 때 쓰죠. 심지어 어딘가를 기어오를 때도 꼬리를 사용해요. (생쥐들은 기어오르기 천재예요.) 꼬리는 몸통과 비슷한 길이까지 자랄 수 있답니다.

* 생쥐의 이빨은 계속해서 자라요. 무언가를 끊임없이 이빨로 갉는 것도 그런 이유에서죠. 너무 길게 자라지 않도록 관리하는 거예요.

* 생쥐라는 무리 안에는 꽤 다양한 종이 존재하고 다들 독특하고 멋진 이름을 가졌어요. 예컨대 사슴쥐, 북숲쥐, 판다쥐가 있고, 심지어 얼룩말쥐도 있답니다.

우리는 여러분의 집 안에 들어가기도 하지만, 그건 뭔가를 훔치기 위해서가 아니라 쉴 곳을 찾아간 것뿐이에요. 덩치 큰 동물들이 우리를 잡아먹으려 호시탐탐 노리기 때문에 도망 다니는 것도 우리에게는 쉽지 않은 일이에요.

나는 조용하고 부끄럼을 많이 타며 예민한 동물이에요. 우리는 대부분 위험을 피하기 위해 바깥의 작은 굴에 몸을 파묻고 살아가죠.

우리는 가끔 꽃 속에 들어가 잠을 자기도 한답니다. 이 모습을 직접 본다면 너무 귀여워 쓰러지고 말걸요!

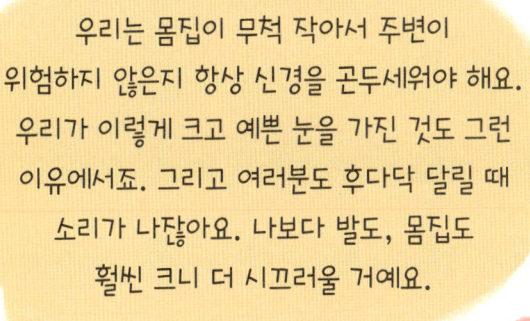

우리는 몸집이 무척 작아서 주변이 위험하지 않은지 항상 신경을 곤두세워야 해요. 우리가 이렇게 크고 예쁜 눈을 가진 것도 그런 이유에서죠. 그리고 여러분도 후다닥 달릴 때 소리가 나잖아요. 나보다 발도, 몸집도 훨씬 크니 더 시끄러울 거예요.

나는 '찍찍' 소리를 그렇게 자주 내지 않아요. 사실 그 소리도 잘 들어 보면 꽤 귀엽답니다.

아, 여기저기 똥을 싸 놓는 건 미안해요. 조절이 잘 안 되네요!

그러니 여러분이 집에서 나를 발견한다면 잡아서 밖에 풀어 주세요. 그러면 다 괜찮을 거예요. 내가 여러분의 집에 찾아갔다면 그건 그 집이 너무 포근하고 마음에 들어서였을 거예요. 전부 내 잘못은 아니에요.

나방은 밤에만 나타나고,
털북숭이에 징그럽고
엄청나게 크지!

성격은 음침한데
환한 것은 엄청나게 좋아하네.
아무래도 정반대인 것에 끌리는 건가 봐!

정말 예쁘다.
난 환한 불빛이 정말 좋아!

인터넷으로 뭘 보고 있는 중이라고?
조심해! 곧 나방이 당신 얼굴로
곧장 달려들 거야.

정말 말도 안 돼요!

내가 나비 비슷한 종류인 건 맞아요.
하지만 내가 나비보다 낫죠.
꼐안아 주고 싶을 만큼 귀여우니까요!

옷을 갉아 먹는 건 옷좀나방의 애벌레뿐이에요.
이 애벌레는 주로 더럽고 냄새나는 옷을
좋아하죠. 그러니 옷을 깨끗이 빨아 입으면
우리 때문에 아니, 옷좀나방 애벌레 때문에
구멍이 나는 일은 없을 거예요!

나는 소름 돋는 가루투성이가 아니에요.
내 날개에는 조그만 비늘들이 붙어 있을 뿐이죠.
그러니 비늘 가루 요정이 더 잘 어울리겠네요.

우리는 대단하고 멋지답니다. 제 말이 맞죠?

와, 냄새나는 옷을 발견했다! 냠냠!

팩트 체크:

* 나방은 식물의 꽃가루를 옮기는 중요한 역할을 해서 아름다운 꽃들이 씨앗을 맺도록 도와요. 나방을 흔히 볼 수 없는 건 나방들이 식물의 꽃가루를 옮기느라 바빠서예요.

* 몇몇 나방은 시침핀 머리만큼 몸집이 작지만, 어떤 나방은 어른의 머리 크기만큼 자라기도 해요!

* 나방이 불빛에 이끌리듯 보이는 이유는 빛을 나침반 삼아 방향을 찾는 특성 때문이에요. 원래 달빛을 보고 나아갈 방향을 찾는데 인공 불빛을 보고 헷갈려서 달려드는 거죠!

* 나방의 날개에 새겨진 눈 모양이나 화려한 색의 무늬는 다른 동물에게 먹히지 않도록 스스로 보호하는 방어 수단이랍니다!

이런!

나는 여러분이 생각하는 것처럼 무작정 불빛에 달려드는 게 아니에요. 원래는 달빛을 이용해 나아갈 방향을 찾는데 인공적인 불빛 때문에 헷갈리는 거지요. 우리가 달의 위치를 찾을 수 있도록 전등 좀 꺼 줄래요?

달

뽐내고 싶지는 않지만, 내 엉덩이는 보송보송하고 아주 귀여워요!

나는 못생긴 것과는 거리가 멀어요. 지구상에는 16만 종의 나방이 있고 (나비는 1만 7,500종에 불과해요.), 대부분 나방은 몸 색깔이 아주 화려하고 예쁘답니다!

61

헛튼소리 그만! 나는 정말 멋진 동물이라고요.

나는 해로운 동물이 아니에요. 우리나라에서는 멸종 위기 동물로 아주 귀한 몸이랍니다.

내 주황색 털은 아름다워요! 어떻게 미워할 수 있죠?

여러분은 내가 약삭빠르다고 생각할지도 몰라요! 하지만 우리 엄마는 똑똑한 건 좋은 거랬어요!

뭘 어쩌겠어요. 나는 아무런 힘이 없는걸!

유럽에 사는 내 친구 여우가 쓰레기통을 뒤져서 미안하다고 전해 달래요. 여러분을 성가시게 하려고 그런 건 아니지만 우리가 쓰레기통 뒤지는 걸 막으려면 쓰레기통에 음식을 그렇게나 많이 버리지 말아야어요.

제 몸에 벼룩이 있을 수도 있죠.
하지만 나는 야생동물인걸요!
자연에서 사는 동물에게는 항상
일어나는 일이에요.

우리 벼룩도 머물 집이
필요하다고요!

팩트 체크 :

* 여우 가운데 가장 흔한 종은 붉은여우예요. 그 밖에도 약 37종이 여우라 불리죠. 우리나라에서는 거의 멸종되었지만 세계 곳곳에 널리 분포해요.

* 여우는 개들과 친척이기는 하지만, 고양이의 특성도 가지고 있어요. 예컨대 발톱을 넣었다 뺄 수 있고 눈동자가 세로로 길쭉해지면서 먹잇감을 찾기도 하지요.

* 여우는 굴에 살아요. 튼튼한 발로 땅에 작은 구멍을 파서 그 안에 머물죠. 영국 런던 같은 대도시에 사는 여우도 있어요. 도시에 사는 여우는 지난 25년간 무려 5배 늘었다고 해요.

* 여우는 귀가 아주 밝아요. 그래서 야생에서 지낼 때 도움이 되죠. 여우의 귀가 그렇게 큰 건 소리를 잘 듣기 위해서예요.

내 울음소리가
여러분 귀에 거슬린다는
사실을 알아요. 하지만 우리는
소리를 내는 동물인걸요.
짖거나 울어서 다른 여우와
의사소통해요. 수다 떠는 건
다들 좋아하잖아요.

우리는 새끼에게 먹을 걸 주기 위해서
닭을 사냥하곤 해요.
내 새끼들을 배불리 먹이려는 건
자연스러운 본능이죠.

어디서 '닭'이란 말이
들렸는데? 꿀꺽.

그건 전혀 사실이 아니에요!

제대로 좀 알아 두라고요!

팩트 체크:

* 두꺼비와 개구리는 꽤 비슷해요. 차이점이 있다면 두꺼비의 다리가 좀 더 짧고 피부가 더 건조하며 울퉁불퉁하다는 거죠. 또 두꺼비는 물가와 멀리 떨어진 곳에서도 살 수 있고 이빨이 없어요.

* 두꺼비들은 봄이 되면 떼를 지어 서식지로 이동해요.

* 두꺼비는 보통 밤에 사냥하러 모습을 드러내요. 그리고 추운 겨울에는 겨울잠을 자죠.

* 두꺼비는 작은 올챙이에서부터 자라나요. 야생에서는 최대 수명이 10년에 이르죠. 인간에게 길러지면 40년까지도 살 수 있어요!

* <개구리 왕자> 동화와 달리 개구리도, 두꺼비도 왕자로 변신하지는 않아요. 끈적거리는 양서류에게는 입을 맞추지 않는 게 여러모로 좋을 거예요!

나는 토실토실한 귀여움 덩어리예요!

난 기분이 안 좋은 게 아니에요. 내 얼굴 생김새가 시큰둥해 보이는 것뿐이라고요. 이렇게 생긴 건 내가 어쩔 수 없는 일이잖아요! 몇몇 사람은 내가 아주 귀엽다고 말해요. 강아지처럼 똘망똘망한 제 눈을 보세요.

이봐, 안녕!

나를 등에 데리고 다녀 줘서 고마워요. 엄마가 최고예요!

피파두꺼비가 새끼를 등 피부 속에 넣어 데리고 다니는 게 좀 징그러워 보이기는 해요. 하지만 어미는 새끼를 위해서라면 뭐든 하는 법이죠!

동화책을 보면 마녀들은
언제나 마법 수프 재료로 나를 써요.
나를 부글부글 끓여도 마법은 생기지 않는다고요!
제발 그러지 말아 주세요!

헤엄치는 걸 즐기지 않지만 내가 살아가는 데
물이 필요 없는 건 아니에요.
나는 촉촉하고 마르지 않은 피부를 좋아해요.

개구리들은 폴짝폴짝
높이 뛰어다니지만,
나는 귀엽고 짧은 다리로
걷거나 살짝만 뛰곤 해요.

내 몸을 만진 다음에는 꼭 손을 씻어야 해요.
내 피부에는 독을 뿜는 분비샘이 있거든요.
나를 잡아먹으려는 포식자로부터 몸을 지키기 위해서죠.
하지만 나는 여러분을 일부러 해치지 않아요.
나를 제멋대로 건드리거나 먹지만 않는다면 말이죠!

나는 혀로 먹잇감을 잡아요.
그게 어때서요? 여러분도 뭔가를
먹을 때 숟가락과 젓가락을
사용하잖아요. 게다가 이렇게 혀로
직접 먹이를 먹으면 설거지할 필요도
없답니다.

69

그건 사실과 달라요!

내 덩치가 꽤 큰 건 사실이에요.
하지만 나는 무척 깨끗한 데다
언제나 화가 나 있지도 않다고요!

방귀를 너무 많이 뀌었다면 미안해요.
배에 가스가 많이 차는 걸 어떡해요!

내 커다랗고 예쁜
눈망울과 귀여운
미소를 보세요. 난 정말
사랑스럽답니다.

난 조심성이 없거나 몸을 잘 못 가누는 게
아니에요. 덩치 큰 동물치고는 다리가 꽤
잽싸답니다! 여러분이 내가 가는 길목에
찻잔을 불쑥 내려놓아도 내가 발굽으로 밟아
부수는 일은 없을 거예요.

나는 사실 그렇게 공격적이지 않아요.
나 자신을 방어해야 할 때만 화를 내죠.

우리는 들판에 혼자 남겨져 있을 때 조금 더 예민하고 공격적이에요. 우리는 무리를 지어 사는 사회적인 동물이기 때문이죠. 혼자 있으면 긴장되고 위험한 일도 더 많이 생겨요. 친구들과 평화롭게 같이 있다면 무척 순한 동물이랍니다.

팩트 체크 :

* 수컷 소는 덩치가 크고 근육이 많아요.

* 황소는 초식동물이고 위장이 4개나 된답니다! 이 위장에서 소화하기 어려운 억센 풀을 분해하죠.

* 황소를 비롯한 소들은 하루에 20kg의 먹이를 먹고 욕조 하나 분량의 물을 마신답니다! 그러니 덩치가 그렇게 큰 것도 놀랍지 않아요.

* 소들은 하루 대부분의 시간을 한 가지 행동을 하면서 보내요. 바로 먹이 씹기랍니다! 소는 1분에 약 50번 씹고, 하루에 최대 8시간 동안 되새김질을 해요.

소똥이 최고야!

내 똥은 거름으로 사용돼요. 거름은 식물들이 잘 자라게 하죠.

내가 빨간색을 싫어한다니 말도 안 돼요. 나는 색맹이라서 빨간색을 다른 색과 제대로 구별하지도 못하는걸요!

휴, 살았다!

뭘 모르는 말이네요!

나는 날쌔고 영리해요. 몸이 보송보송하고 얼굴은 엄청나게 귀엽답니다!

가끔 다른 동물들의 집을 빼앗는 것도 사실이에요. 하지만 항상 도둑질만 하는 건 아니랍니다. 우리는 직접 굴을 파 그 안에서 살기도 해요.

내가 사냥에 빠져 있는 건 인정해요. 하지만 그만큼 나는 사냥 솜씨가 좋아요!

우리는 겁이 나거나 위협을 느꼈을 때만 물어요. 그리고 두려움을 느끼면 엉덩이에서 냄새나는 분비물을 내뿜죠. 나도 스스로를 지켜야 하니까요! 그러니 부디 저를 겁먹게 하지 말아요. 알겠죠?

먹이가 부족하기 때문에 배가 고프지 않아도 나중을 위해 먹잇감을 저장해요. 나는 소화도 잘 시키고 심장도 빨리 뛰어서 그만큼의 에너지를 얻으려면 먹이가 많이 필요하답니다.

가끔 기분이 좋으면 춤을 추기도 해요!
내가 꿀렁꿀렁 웨이브 댄스 추는 걸
본 적 있나요?

몇몇 족제비들은 계절이 바뀌면 털 색깔도 바꿔요! 예컨대 겨울에는 눈 속에서 몸을 감추려고 흰 털로 바꾸죠. 예쁘지 않나요?

잠깐, 2리 족제비들이 뭐가 그렇게 빠르다는 거예요?

내 꼬리털이 볼품없다고요? 실제로 보면 무척 귀엽고 사랑스러워요. 정말로요!

팩트 체크 :

* 겨울에 하얗게 변한 족제비 털을 '어민(Ermine)'이라고 불러요.

* 족제비들은 떼를 지어 잽싸게 움직여서 눈으로 좇다 보면 어지러울 정도예요.

* 족제비들은 사냥을 무척 잘해서 종종 자기보다 덩치 큰 먹잇감도 사냥해요. 다리가 짧지만 목이 길어서 자기보다 큰 먹잇감을 이빨로 물고 빠르게 옮길 수 있지요.

* 족제비는 겉모습이 담비와 아주 비슷해요. 두 동물의 가장 큰 차이점은 꼬리를 보면 알 수 있어요. 담비 꼬리 끝에는 검은색 털 다발이 있답니다.

어휴, 적당히 좀 해요…

난 그냥 덩치 크고 멋진 도마뱀류일 뿐이에요!

내가 항상 먹을 것만 생각하는 건 아니에요. 가끔 새들이 내 이빨을 청소하도록 가만히 놔둘 때도 있는걸요. 고마워, 짹짹이 친구. 덕분에 내 이빨이 반짝반짝 빛나네.

이봐요, 치실은 한 번도 쓰지 않은 건가요?

팩트 체크 :

* 악어는 살아 있는 공룡이에요. 2억 4,000만 년 전에 처음으로 지구상에 나타났죠. 바닷물에 사는 악어류는 오늘날 현존하는 파충류 가운데 덩치가 가장 커요.

* 악어 이빨은 65개 정도예요. 하지만 이빨을 사용해 뭔가를 씹지는 않죠. 삼켜서 먹은 걸 배 속에서 잘게 부숴요. 이빨로는 먹잇감을 꽉 물어 으스러뜨리기만 하죠. 아야, 아프겠다!

* 악어가 입을 벌리고 있는 건 화가 나거나 어이가 없어서가 아니에요. 열을 내뿜기 위해서죠! 악어는 입을 통해 땀을 배출하고 몸을 식혀요.

* 몇몇 악어는 눈 하나를 뜨고 잔답니다! 이걸 '단일 반구 수면'이라고 하는데 이때는 뇌의 반쪽이 깨어 있는 상태이기 때문에 주변의 위험을 감지할 수 있어요. 맛 좋은 먹잇감이 지나가는지도 볼 수 있죠.

악어가 최고야!

나는 등에 뼈로 된 비늘판이 있어요.
햇볕을 쬐는 시간이 많기 때문이죠.
이 판으로 햇볕을 흡수한답니다.
겉이 삐죽삐죽해서 멋지게 보이는 건 덤이죠!

나는 얕은 물에서 가만히 오래 머무르며 먹잇감이 올 때까지 기다려요. 내가 사냥하는 구역에 가까이 오지만 않으면 여러분이 내 날카로운 이빨에 당하는 일은 없을 거예요.

나는 턱과 입이 큰, 최고로 힘센 포식 동물이에요.
나를 무서워하기보다 존중해 주세요.

우리가 먹이사슬의 맨 꼭대기 자리를 유지하려면
꽤 공격성이 강해야 하죠. 하지만 아메리카 대륙과 중국에 사는
우리 사촌 앨리게이터들은 성격이 느긋한 편이에요.

안녕! 나를 간단히 '앨리'라고 불러 줘.

81

정말 억울해요!

나는 온화한 성품을 지닌 새예요. 누가 나 같은 동물을 싫어하겠어요? 이렇게 우아하고 아름다운데!

우리는 여러분을 괴롭히지 않아요. 여러분이 음식을 먹고 있을 땐 너무 맛있어 보여서 좀 쳐다보기도 하죠. 그 샌드위치 안 남기고 다 드실 건가요?

우리가 일부러 쓰레기를 뒤지는 게 아니에요. 사람들이 사는 장소에서 당장 먹이를 찾을 수 있는 곳이 그곳뿐인걸요. 우리는 여러분이 버린 걸 주워 먹는 것뿐이에요! 여러분이 음식을 그렇게 많이 버리지 않으면 우리도 쓰레기로 길을 어지럽히지 않을 거예요.

내 예쁜 깃털을 좀 봐요!

내 귀여운 분홍색 발가락도 보세요!

난 도시를 어슬렁대며 돌아다니는 게 아니고 뽐내면서 멋지게 걷고 있어요! 적어도 내 멋진 걸음걸이만큼은 인정해 주시길!

어떤 사람들은 머리에 새똥을 맞으면 운이 좋다고 생각해요! 우리에게 고맙다고 하는 사람도 있는걸요! 별말씀을. 그래도 샤워는 하는 게 좋을 거예요.

나는 마을이나 도시에 우글거리지 않아요! 단지 여러분과 마찬가지로 어쩌다 보니 그곳에 살게 되었을 뿐이라고요! 우리는 온갖 장소에서 살아요. 낭떠러지 벼랑이나 삼림지대, 숲속에서도 살죠. 도시 생활만 고집하는 깍쟁이는 아니에요!

나는 훌륭한 집배원이에요!

나는 병을 옮기지 않지만 내 똥은 병을 옮길 수도 있어요. 똥이 주변에 무척 많다면요. 하지만 여러분 똥도 그렇게 깨끗하지는 않잖아요?

팩트 체크 :

* 지구상에는 300종 넘는 비둘기가 살고 있고 전 세계 어디서나 발견할 수 있어요. 사막은 그렇게 좋아하는 거주지가 아니지만, 비둘기들은 열대우림이나 초원, 사바나 지대, 맹그로브 식물이 자라는 늪지대, 바위가 많은 지역에서도 살아요.

* 비둘기들은 방향 감각이 아주 뛰어나요. 제1차 세계대전과 제2차 세계대전 당시에 중요한 소식을 실어 나르는 역할도 했죠. 전쟁 영웅이었던 셈이에요!

* 비둘기들은 청력이 굉장히 좋아요. 사람들은 듣지 못하는 저주파도 들을 수 있죠. 그래서 멀리서 오는 폭풍우나 지진을 감지할 수 있어요.

* 비둘기는 사실 무척 똑똑한 새예요. 과학자의 말에 따르면 비둘기들은 거울 속 자기 모습을 알아볼 수 있을 뿐만 아니라 심지어는 알파벳을 전부 구분할 수도 있답니다!

윽, 냄새나는 낙타다!

낙타는 성격이 우울한 동물이야.
표정만 봐도 딱 보이잖아.
웬만한 일엔 심드렁해.

낙타 등에는 괴상한 혹이 있어.
그 위에 지저분한 털이 듬성듬성
덮여 있지. 낙타 등에 타면
덜컹덜컹 마구 엉덩방아를
찧을 거야.

구시렁
구시렁

내가 항상 투덜투덜 불평이 많다고?

낙타 등에 난 혹에는 물이 들어 있대.
물을 계속 따로 마시지 않아도 수분 보충을
할 수 있지. 그래서 그런가? 계속 침을 뱉잖아!
낙타는 더럽게 온종일 침을 뱉어.

낙타 몸에서는
엄청나게 지독한 냄새가 풍기지.
낙타 옆에 가면 코를 틀어막아야 할 거야.

설마 다 <u>믿는 거</u> 아니죠?

내가 투덜대는 것처럼 보이지만 그건 그냥 제가 그렇게 생겼기 때문이에요. 나도 어쩔 수 없다고요. 그리고 사실 사람들은 나에게 너무 많은 일을 시켜요. 그러니 내가 투덜댄다 해도 충분히 그럴 만하다고요.

여러분은 나처럼 속눈썹이 길었으면 하고 부러워할 거예요!

나도 감정이 있어요. 잘 표현하지 않을 뿐이죠. 다만 맛 좋은 먹이를 대접받으면 기뻐서 펄쩍 뛴답니다. 음, 맛있어요!

나는 침 뱉는 걸 즐기지는 않지만 사람들이 날 짜증 나게 하면 침을 뱉지 않을 수가 없어요. 나는 위협을 느끼거나 신경이 거슬릴 때만 침을 뱉어요. 그러니 나를 성가시게 하지 마세요. 그러면 여러분에게 침 뱉을 일은 없을 거예요.

내 몸에서 조금 냄새가 날 수도 있지만, 놀랍게도 나는 땀을 거의 흘리지 않는답니다!

알려진 것과는 다르게 내 혹 안에는 물이 들어 있지 않아요! 사막에서는 먹이 찾기가 아주 힘들어서 맛 좋은 선인장이나 먹이를 찾지 못할 때를 대비해 이 안에 지방을 저장해 놓고 있어요. 일종의 에너지 저장 창고랍니다.

낙타 무리는 대부분 사막에 살아요. 하지만 우리는 더운 기후에 완벽하게 적응해서 그렇게 불편하지 않아요. 뜨거운 태양은 내 친구랍니다.

안녕, 친구!

팩트 체크 :

* 전 세계적으로 낙타는 2종이 있어요. 혹이 1개인 단봉낙타와 혹이 2개인 쌍봉낙타예요.

* 낙타는 덥고 모래가 많은 사막 생활에 완벽하게 적응해 있어요. 낙타의 발은 크고 넓적해서 모래 위를 걸을 때 발이 빠지지 않죠. 게다가 속눈썹이 멋지게 길어서 눈에 모래가 들어가지 않게 해요. 또 콧구멍을 닫을 수 있어서 모래바람이 많이 불 때도 코에 모래가 들어가지 않게 할 수 있지요.

* 낙타는 5,000년 넘게 인류와 함께 생활하며 일했어요. 낙타는 힘이 셀 뿐 아니라 생명력이 강하고 듬직한 동물이라 '사막의 배'라는 별명으로 불려요.

'낙타호'에 다들 올라타세요!

아니에요, 나는 그렇게 **못되지** 않았어요!

사실 난 꽤 귀여운 생물체랍니다.
농담이 아니고 정말 귀여워요.

나는 거친 환경에서 운 좋게 죽지 않은 게 아니라 모든 걸 이겨 내고 강하게 살아남은 거예요! 나는 먹이를 자주 먹지 않아도 되고 단단한 껍질에 싸여 있어 자신을 보호할 수 있어요. 사실 내 수명은 꽤 짧아요. 야생에서는 5년 정도밖에 못 살죠. 그러니 느긋하게 산책이나 즐기러 가 볼래요!

내 몸 전체에 독이 있는 건 아니에요. 내가 다른 동물을 해치려면 독을 상대의 몸에 꽂아 넣어야 하죠. 그리고 사람에게 진짜로 해를 끼치는 전갈 종은 소수에 불과하답니다.

내 독침은 작고 귀엽죠.
무시무시하게 커다랗지 않아요.

내 조그만 꼬리 끝에는 뾰족한 독침이 달려 있어요.
독침은 위협을 당하거나 먹잇감을 사냥할 때 사용하죠.
평소에는 독침 쏠 일이 없고 그저 도망가서 숨거나
집게발로 귀엽게 쿡 꼬집을 뿐이랍니다.

팩트 체크 :

* 지구상에는 약 2,000종의 전갈이 있어요. 하나하나 모두 매력적이죠. 전갈은 크기가 무척 다양해요. 몸길이가 20cm도 넘는 종도 있고 겨우 9mm밖에 안 되는 작은 종도 있답니다. 놀랍죠!

* 전갈은 야행성 동물이라 주로 밤에 활동해요. 몇몇 종은 땅속 굴에서 일생을 보내기도 한답니다!

* 전갈은 놀랍게도 먹이를 먹지 않은 채 최대 1년을 버틸 수 있어요. 먹이가 부족할 때는 몸의 신진대사 속도를 늦추기 때문이죠.

* 전갈은 자라는 과정에서 허물을 벗어요. 완전히 자랄 때까지 단단한 껍질을 최대 7번 벗죠. 허물을 벗고 몇 시간 정도는 무척 조심해야 해요. 아직 피부가 부드러워서 다치기 쉽기 때문이죠. 하지만 점차 단단해진답니다.

전갈 새끼는 알에서 태어나 어미의 등에 붙어 생활해요. 정말 귀엽죠!

나는 꽤 위풍당당한 모습이에요. 선입견 없이, 있는 그대로의 내 모습을 봐 준다면 여러분도 동의할 거예요. 게다가 밤에는 형광빛을 낼 수도 있어요.

그건 다 **미신일** 뿐이에요!

우리는 정말로 멋진 새들이라고요.

팩트 체크:

* 까마귀와 큰까마귀, 까치는 까마귓과에 속하는 똑똑한 새들이에요. 120종 넘는 새가 까마귓과에 들어가요.

* 까마귓과 새들은 무척 장난기가 넘쳐요. 높은 지능과 뛰어난 흉내 내기 기술을 활용해 서로 의사소통을 하거나 장난을 치죠. 가끔은 사람에게 장난을 걸기도 해요!

* 이 새들은 가족을 무척 소중히 여기고 성격이 섬세해요. 과학자들이 발견한 바에 따르면 까마귀들은 자기를 잘 대해준 사람도 기억한다고 해요. 자기에게 먹이를 준 사람에게 선물을 가져다주기도 하죠.

* 전설에 따르면 런던탑에는 찰스 2세(1600~1685년) 시절부터 큰까마귀가 산다고 해요. 적어도 큰까마귀 6마리가 탑 안에 머물러야지, 그렇지 않으면 왕국이 멸망한다고 해요.

내가 허수아비를 보고도 도망가지 않는 건 사악한 새이기 때문이 아니에요. 엄청나게 똑똑하기 때문이죠! 농부들은 우리가 농작물을 먹어 치우지 않았으면 하고 바라겠지만 우리도 먹이를 구해야 해요. 곡식이나 열매들은 너무 맛있어서 그냥 지나칠 수가 없어요!

내가 '죽음의 상징'이라고 하면 으스스하게 들리는 게 사실이죠. 하지만 죽음과 우리 까마귀를 연관 지은 건 인간들이잖아요. 우리보다 인간이 더 무서운 존재 아닌가요?

잠깐만요! 그건 오해예요!

내 이름은 범고래지만 나는 사실
돌고래 무리에 속해요.

나는 악당이 아니고 성격이 나쁘지도
않아요! 피부가 매끄러운 데다 살짝
귀엽게 미소를 짓고 있죠! 자세히 보면
전혀 무섭지 않을걸요?

우리가 무리를 지어 사냥하는 건
사실이에요. 하지만 그렇다고 해서 겁먹을
필요는 없어요. 오히려 우리를 칭찬할
일이죠! 다 함께 사냥하려면 여러 마리가
머리를 맞대고 영리하게 의사소통해야
하거든요. 그 말은 우리가 엄청
똑똑하다는 거예요!

범고래 새끼는 엄마 아빠 범고래와 똑 닮았어요. 범고래 가족은 무척 친밀해서 새끼가 자라는 동안 꼭 붙어 다니곤 해요.

우리는 수조에 갇혀 지내기엔 너무 똑똑하고 덩치가 큰 데다 위풍당당해요. 튼튼하고 멋진 몸을 꽉 펼치고 여기저기 헤엄쳐 다닐 자유가 필요해요!

나는 식성이 까다로워요. 인간은 내가 좋아하는 먹잇감이 아니랍니다. 대신에 바다코끼리 고기로 샐러드를 해 먹고 싶네요.

팩트 체크 :

* 범고래는 약 1,100만 년 전부터 지구에서 살아왔어요. 인간보다 훨씬 일찍부터 지구에 살았던 거죠! 그러니 우리는 범고래들에게 고마워해야 해요. 지구에서 함께 살도록 해 줬잖아요!

* 범고래는 몸길이가 최대 10m까지 자라요. 돌고래 무리 가운데 가장 큰 종이지요. 범고래들은 큰 덩치에 걸맞게 식욕도 엄청나요. 하루에 약 227kg의 먹이를 먹어 치울 정도랍니다!

* 범고래는 무리를 지어 생활해요. 각각의 범고래 무리는 서로 다른 방식으로 의사소통하고 물속에서 방향을 찾죠. 과학자들은 범고래들이 무리에 따라 독특한 '문화'를 갖고 있다는 사실을 발견했답니다.

* 범고래는 바다표범부터 바다사자, 펭귄, 오징어, 바다거북, 심지어는 상어와 고래까지도 잡아먹어요!

어휴, 정말 <u>어이가</u> 없네요!

팩트 체크 :

* 전 세계에는 200종 넘는 해파리가 있어요. 해파리는 약 5억 년 전부터 지구를 누볐죠! 심지어 공룡보다도 먼저 지구에 나타났답니다!

* 몇몇 해파리들은 '생물발광'을 해요. 몸에서 빛을 내뿜는 거죠!

* 좀 이상하지만, 해파리는 뇌와 심장, 뼈, 눈이 없답니다!

* 해파리를 잡아먹는 바다거북 같은 해양 동물들이 버려진 비닐봉지를 해파리로 착각해서 삼키기도 해요. 물속에서는 비닐봉지가 해파리처럼 보이기도 하거든요. 우리 인류는 지구상의 모든 생명체에 영향을 끼치는 만큼 바다를 깨끗하게 보호해야 해요.

내 몸이 흐물흐물한 건 사실이죠. 하지만 내가 여러분을 일부러 쫓아가서 쏘는 건 아니라고요. 단지 우연한 사고였을 뿐이죠. 내가 지나가는 길을 막지만 않는다면 여러분은 무사할 거예요.

해파리에 쏘인 자리에 오줌을 눠도 아무런 효과가 없어요. 이상한 소리 좀 하지 말아요.

항상 재활용합시다!
비닐 사용도 줄여 주세요.

나는 엄청나게 멋지고 매혹적이며 아름다운 생물이에요.
마치 지구가 아닌 먼 우주에서 온 생명체 같죠.
정말 대단하지 않나요?

몇몇 해파리들은 사람을 죽일 수도 있는 정말 위험한 독을 가졌어요. 하지만 대부분 해파리는 거의 해를 끼치지 않는답니다.

안전을 위해 우리 해파리를 보면 만지지 않는 게 가장 좋아요!

해파리 새끼들은 정말 작고 귀여워요! 날 '베이비 젤리'라고 불러 줘요.

여러분이 바닷가에서 해파리를 발견했다면 슬프지만 이미 죽은 상태일 거예요. 하지만 그렇다고 해도 해파리의 촉수를 건드리면 안 돼요. 여전히 촉수에 독이 있을 수 있거든요.

더러운 쇠똥구리다!

쇠똥구리는 정말 지저분하고 역겨운 곤충이야. 왜냐하면 그들이 제일 좋아하는 게 뭐냐면…….

쇠똥구리가 똥을 좋아하는 게 역겹지 않다면, 이상하게 생긴 뿔과 마구 퍼덕거리는 날개를 한번 봐.

바로 똥이거든!

맞아, 제대로 들었어. 난 똥을 좋아해!

나는 가능한 한 많은 똥을 한데 모아 둥글둥글 굴려서 커다란 공을 만들지.

이런, 세상에······.

이렇게 말하기 좀 그렇지만, 내가 똥을 즐겨 먹는 건 사실이에요. 하지만 그렇게 이상한 습성은 아니랍니다. 단지 배설물을 재활용할 뿐이니까요.

어떤 동물의 똥이 쇠똥구리에게는 근사한 저녁 만찬이에요!

우리는 서로 힘을 합쳐 일해요. 몇 마리가 똥을 굴리면 몇 마리는 그 안에 굴을 파고, 몇 마리는 그 안에서 살죠. 똥은 우리에게 다루기 편한 자원이에요.

우리가 특이한 식성을 가졌다고 흉보지 말아요. 취향은 전부 다르니까요. 나의 놀라운 뿔과 엄청 멋진 날개도 흉볼 거리가 아니죠. 이것들 덕분에 우리가 아주 멋들어진 모습을 하게 되었으니까요!

침팬지와 토끼를 비롯해 심지어 개들도 똥을 먹는다고 알려져 있어요. 나만 똥을 먹는다고 오해하지 말아 주세요.

나는 똥을 먹거나 그 안에 알을 낳아요. 둘 다 똥을 그냥 버리지 않고 재활용하는 방식이죠!

나를 치워 줘서 고마워, 친구!

별거 아냐, 친구!

몸집 대비 가진 힘을 따진다면 지구상에서 가장 힘센 동물이라는 게 큰 자랑이죠!

팩트 체크 :

* 쇠똥구리는 약 3,000만 년 전부터 지구상에 존재했어요. 과학자들이 이 시기의 둥근 똥 구슬 화석을 발견하면서 이 사실이 알려졌죠.

* 쇠똥구리는 크게 세 종류로 나뉘어요. 굴리는 쇠똥구리와 굴 파는 쇠똥구리, 거주하는 쇠똥구리죠. 먼저 굴리는 쇠똥구리는 똥을 굴려 둥글게 빚어요. 그리고 굴 파는 쇠똥구리는 똥 구슬 안에 굴을 파요. 그리고 거주하는 쇠똥구리가 똥 더미 안에서 살죠.

* 햇볕이 뜨거운 사막에서 몸의 열을 식히는 용도로 똥 구슬을 활용하기도 해요. 사막의 모래는 무척 뜨겁기 때문에 모래 위에 있기보다 서늘한 똥 위에 올라가 발을 보호하는 거죠.

* 비록 이름은 '쇠똥구리'지만 이 곤충이 똥에만 신경 쓰는 건 아니에요. 쇠똥구리는 자기 새끼를 돌보는 얼마 안 되는 곤충 가운데 하나죠. 그리고 쇠똥구리 부부는 평생 같이 지낸답니다!

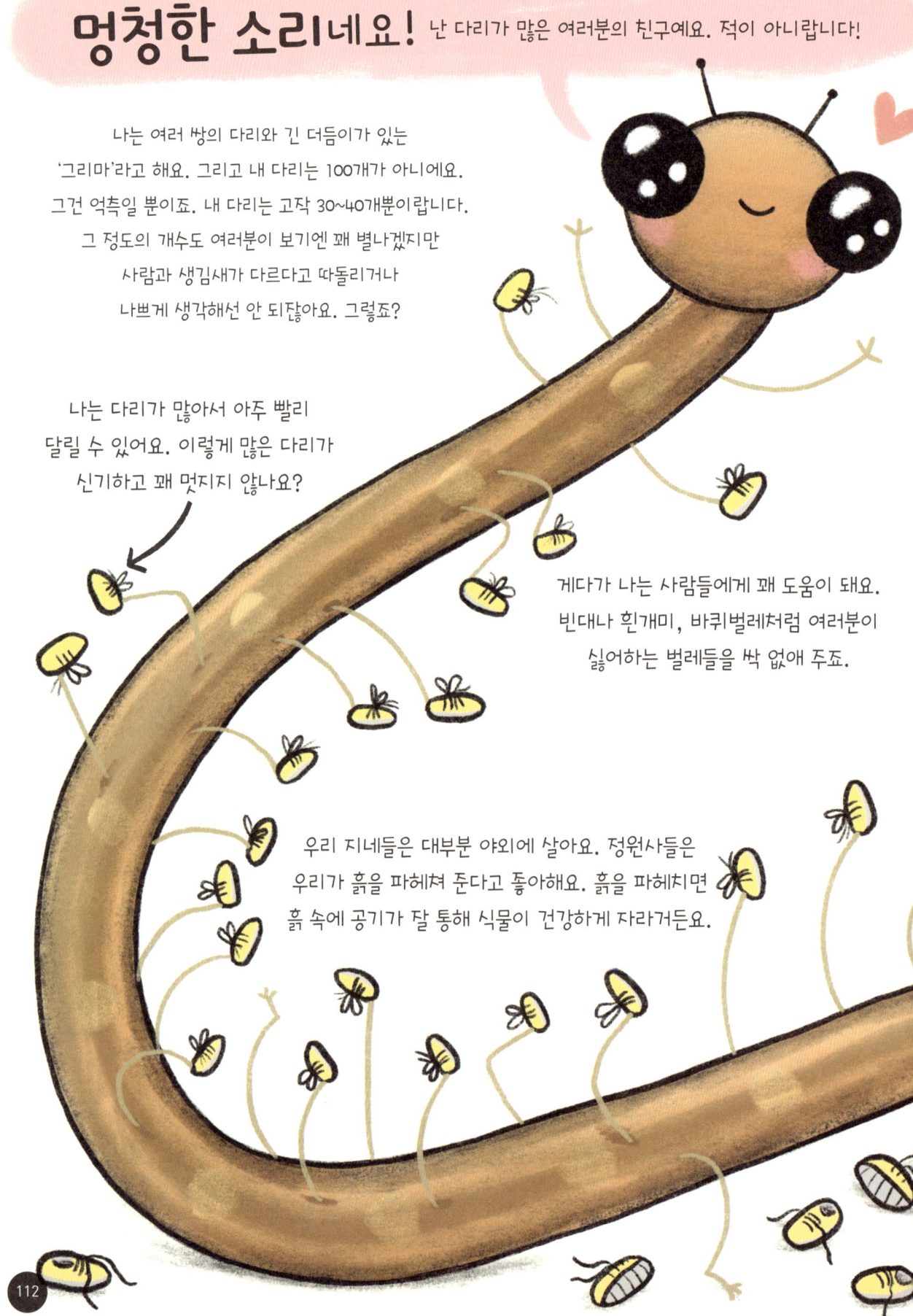

멍청한 소리네요! 난 다리가 많은 여러분의 친구예요. 적이 아니랍니다!

나는 여러 쌍의 다리와 긴 더듬이가 있는 '그리마'라고 해요. 그리고 내 다리는 100개가 아니에요. 그건 억측일 뿐이죠. 내 다리는 고작 30~40개뿐이랍니다. 그 정도의 개수도 여러분이 보기엔 꽤 별나겠지만 사람과 생김새가 다르다고 따돌리거나 나쁘게 생각해선 안 되잖아요. 그렇죠?

나는 다리가 많아서 아주 빨리 달릴 수 있어요. 이렇게 많은 다리가 신기하고 꽤 멋지지 않나요?

게다가 나는 사람들에게 꽤 도움이 돼요. 빈대나 흰개미, 바퀴벌레처럼 여러분이 싫어하는 벌레들을 싹 없애 주죠.

우리 지네들은 대부분 야외에 살아요. 정원사들은 우리가 흙을 파헤쳐 준다고 좋아해요. 흙을 파헤치면 흙 속에 공기가 잘 통해 식물이 건강하게 자라거든요.

팩트 체크 :

* 지구상에는 약 8,000종의 지네가 있어요. 지네는 가장 오래된 동물 무리 중 하나로, 약 4억 3,000만 년 전 지구에 나타났답니다.

* 지네는 전 세계 곳곳에서 살아요. 열대우림에서 삼림지대, 뜨겁고 모래투성이인 사막을 비롯해 심지어는 북극 가까이에서도 살죠.

* 지네는 다른 동물을 사냥해 잡아먹는 포식자예요. 하지만 동시에 다른 동물의 먹잇감이기도 해서 누군가의 저녁거리가 되지 않게 조심해야 하죠! 지네는 잡아먹히다가 도망칠 때 다리 몇 개를 스스로 떼어 내기도 해요. 다리는 나중에 다시 자라요.

* 지네를 '100개의 다리'라고 부르지만 정확하게 다리가 100개인 지네는 없어요. 다리의 수는 보통 30개인데 다리가 가장 많은 종류의 지네는 무려 다리가 354개에 이른답니다. 다리가 300개가 넘으면 신발을 사서 신는 것도 정말 힘들겠어요!

나는 전혀 더럽지 않아요! 사실은 정말 깨끗한 동물이랍니다. 또 거미줄을 치거나 둥지를 만들지 않지요. 내 귀여운 다리들이 최상의 상태를 유지하도록 다리를 닦는 데 시간을 많이 써요.

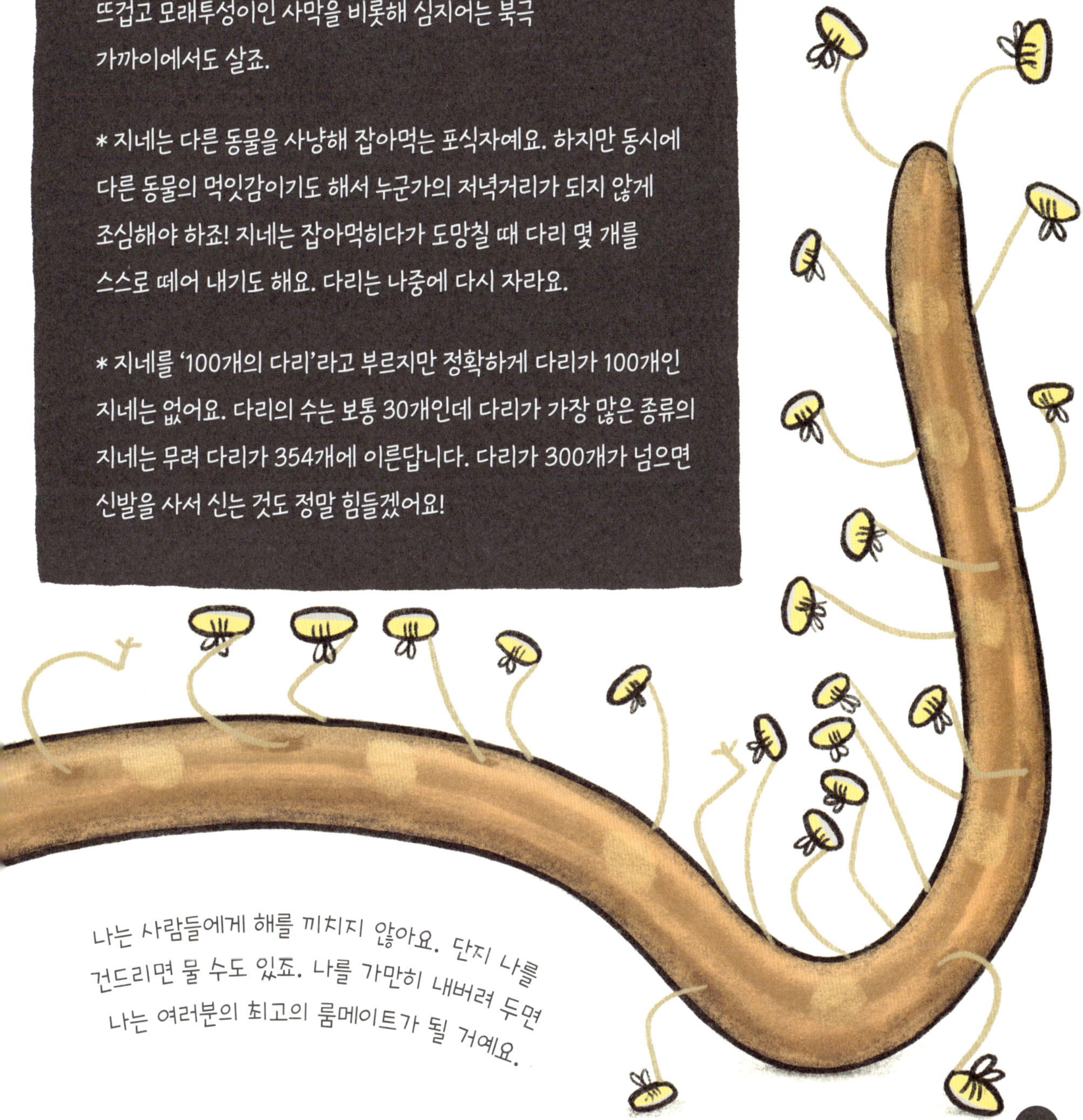

나는 사람들에게 해를 끼치지 않아요. 단지 나를 건드리면 물 수도 있죠. 나를 가만히 내버려 두면 나는 여러분의 최고의 룸메이트가 될 거예요.

끈적이면 어때요?
나는 멋진 **연체동물**이라고요!

나는 달팽이의 한 종류예요. 집으로 삼을 예쁜 껍데기가 없을 뿐이죠. 하지만 누구나 자기가 원하는 집에 살 권리는 있잖아요. 나를 여러분이 좋아하는 화분이나 텃밭에 살게 해 줄래요?

나는 땅에 사는 작고 귀여운 꿈틀이예요. 툭 튀어나온 사랑스러운 눈을 가졌죠!

우리가 여러분이 키우는 예쁜 식물을 갉아 먹는 건 사실이에요. 하지만 변명을 하자면 우리는 썩어 가는 식물도 먹는다고요. 그 말은 치워야 할 죽은 식물을 우리가 없앤다는 뜻이에요. 그러니 여러분과는 병도 주고 약도 주는 관계죠.

점액질 흔적이 거슬렸다면 미안해요. 하지만 그게 있어야 우리가 훨씬 편하게 돌아다닐 수 있어요. 내 생각에는 점액질 흔적이 반짝거려서 꽤 예쁜 것 같은데!

여러분은 민달팽이와 달팽이들이 생태계를 건강하게 지켜 준다는 사실을 알아야 해요. 우리가 있어야 식물들이 더 잘 자라거든요. 또 고슴도치나 새 같은 수많은 동물이 우리를 먹잇감으로 먹고 살아요.

팩트 체크:

* 전 세계에는 약 5,000종의 민달팽이가 살아요. 이들은 습하고 서늘한 곳을 좋아하고 몸에 습기가 있어야 살아갈 수 있어요.

* 민달팽이는 후각이 뛰어난데 촉수로 냄새를 감지한답니다! 또한 지나가면서 남긴 점액질 흔적으로 자기 굴로 돌아가는 길을 찾아요. 다른 민달팽이들이 남긴 점액으로 맛 좋은 식물이 자라는 장소를 찾기도 하죠.

* 민달팽이는 잡식성이에요. 썩은 잎이나 동물의 사체를 먹어 치운 다음 야생에 다시 배설해서 흙을 비옥하게 만들어요.

* 놀랍게도 민달팽이는 원래 자기 몸길이의 20배까지 늘어난답니다! 작고 깊은 틈새에 먹잇감이 있으면 몸을 죽 늘려 먹을 수 있어요.

안녕, 멋쟁이!

조금만 시간을 들여 나를 자세히 봐 줄래요? 난 꽤 매력적이에요. 왜냐하면 내 몸은 배에 다리가 붙은 구조거든요. (이걸 '복족류'라고 해요.) 그리고 약간의 점액이 그 위를 덮고 있어요.

우리는 사랑스러운 생김새를 가지고 있어요. 조그만 토끼처럼 보이는 바다 민달팽이도 있답니다!

스트레칭 실력이 장난 아닌걸!

안녕하세요. 나를 '깡충깡충 미끈이'라고 불러 줘요.

못생긴 아귀다!

깊은 바다는 너무 어두워서 거의 아무것도 보이지 않아. 아귀는 이 구역에서 가장 흉측하게 생긴 물고기야. 바다에서 가장 어둡고 깊은 곳을 소리 없이 헤엄쳐 다니지.

이걸 보라고! 맛 좋은 벌레가 꿈틀거려! 조그만 물고기들아, 어서 이리 와 이 벌레를 맛보렴!

아귀에게는 삐뚤삐뚤하고 소름 끼치게 날카로운 이빨이 있지. 이걸로 사람들을 콱 물어뜯을 수 있어!

우헤헤! 그건 벌레가 아니야.
꿈틀꿈틀 움직이고 환하게
빛나는 내 낚싯대란다.
깜빡 속았지?

아귀는 깊은 바다에서
슬금슬금 돌아다니는 거대한 괴물!
이상한 낌새를 못 채는 물고기들은
아귀에게 걸려들어 저녁거리가
되고 말 거야!

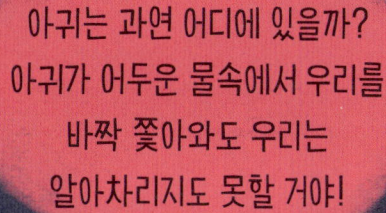

아귀는 과연 어디에 있을까?
아귀가 어두운 물속에서 우리를
바짝 쫓아와도 우리는
알아차리지도 못할 거야!

아귀들은 우리가 자기 곁을 지나가기만 호시탐탐 노리고 있어!

잠깐만요!
내가 **해명할 기회를** 줘요!

나는 엄청나게 멋지게 생긴 자연의 신비와도 같아요!

나는 여러분을 뒤쫓지 않아요. 사실 나는 헤엄치는 속도가 느려서 애초에 쫓아다닐 수도 없죠.

나를 끔찍하고 거대한 괴물 취급하지 말아요! 우리 아귀류는 대부분 몸집이 꽤 작은 편이에요. 보통 몸길이가 30cm도 안 되죠. 이 말을 듣고 보니 그렇게 무섭지 않죠?

나는 내 할 일이나 열심히 하면서 재미있고 특이한 방식으로 먹잇감을 사냥하는 조그만 물고기일 뿐이에요.

내 몸에 붙은 '반짝이 낚시용 미끼'를 보고 부러워 샘내지 말아요. 모두가 나처럼 멋질 수는 없으니까요.

나는 특별하기 때문에 여러분은 내 특징을 잘 알아 둘 필요가 있어요!

팩트 체크 :

* 지구상에는 200종 넘는 아귀가 있어요. 대부분은 대서양이나 북극해 깊은 곳에 살죠. 아귀들은 수면에서 1km 넘게 깊은 바닷속에서만 살 수 있어요.

* 아귀 가운데 암컷만이 머리에 특별한 발광성 미끼가 달렸어요. 수컷은 암컷보다 훨씬 작고 암컷의 몸에 기생한다고 알려져 있죠. 저녁거리를 잡으려면 수컷은 암컷에 기대 도움을 받아야만 해요. 대단한 암컷이죠!

* 아귀 머리에 달린 더듬이가 빛이 나는 건 그 안에 빛을 내는 조그만 세균이 있기 때문이에요.

* 아귀는 입이 무척 커서 먹잇감을 한입에 삼킬 수 있어요. 연구 결과에 따르면 아귀는 자기 몸집보다 2배 더 큰 먹잇감도 꿀꺽 삼킬 수 있답니다. 식성이 엄청 좋은 게 틀림없죠!

여러분이 맛 좋은 게, 바닷가재, 새우 같은 갑각류가 아니라면 나는 여러분을 잡아먹지 않아요! 여러분은 갑각류인가요? 아니라고요? 아, 그럼 우리 친구 해요!

내가 좀 못생겼다고 내 성격도 나쁠 거라 미루어 짐작하지 말아요. 겉모습만 보고는 내면의 아름다움을 모르는 거잖아요.

나는 여러분이 꿈도 꾸지 못했을 깊고 푸른 바다의 신비로운 생명체들을 지켜봤답니다. 여러분이 나에게 친절하게 대해 준다면, 새로운 물고기가 어디 있는지 알려 줄 수도 있어요.

새빨간 거짓말이에요!

> 난 정말 귀엽고 사랑스러워요.
> 어떻게 날 싫어할 수 있죠?

내 털은 전혀 지저분하지 않아요. 사실 깨끗하고 매끄럽죠.
난 몸치장하는 걸 즐기기 때문에 진드기가 내 몸에
기어 다닌다면 당장 없앨 거예요!

> 여러분이 먹을 것을
> 버리면 당연히 내가
> 주워 먹죠! 나는
> 사람들의 음식도
> 먹지만 진드기 같은
> 해충도 같이
> 먹어 치워요.
>
> 나와 같이 살면
> 안 될까요?

팩트 체크:

* 주머니쥐는 커다란 쥐(설치류)처럼 생겼지만 유대류, 즉 새끼주머니에 새끼를 넣어 다니는 포유동물이에요. 다시 말해 주머니쥐는 쥐보다 사실 캥거루와 더 가까운 친척이랍니다.

* 주머니쥐는 꼬리로 먼가를 붙들 수 있어요. 꼬리를 마치 또 하나의 팔처럼 활용하죠. 꼬리로 나뭇가지에 매달리기도 하고 먼가를 들고 다니기도 해요.

* 주머니쥐는 야행성 동물이에요. 주로 밤이 되어야 사냥을 하죠. 주머니쥐는 시력이 정말 나빠서 사냥할 때 후각에 많이 의존해요.

* 주머니쥐는 평화로운 성격을 가졌어요. 하지만 위협을 느끼고 더 도망칠 곳이 없다고 여겨지면 으르렁대거나 '죽은 척'을 해요. 대부분의 동물이 죽은 짐승의 썩은 고기는 먹지 않으려 하기 때문에 포식자로부터 벗어나기 위해 죽은 척을 하는 거예요. 주머니쥐는 4시간까지 꼼짝 않고 죽은 척을 할 수 있답니다!

이바요, 헛다리 짚지 말아요!

핏불테리어는 충성심이 강하고 인내심이 많은 개예요. 사람들은 나의 그런 특성을 이용해 투견으로 개량했어요.

우리 같은 개들은 오해받고 있어요. 생긴 건 무섭게 보이지만, 사실은 아주 착한 개들이랍니다. 하지만 나를 마음대로 만지지는 마세요.

모든 개는 순하고 다정할 수도 있지만 무척 사납고 말썽을 부릴 수도 있어요. 그건 우리가 어렸을 때 어떻게 훈련받고 키워졌는지에 달렸답니다.

인간 여러분이 나를 험하게 다룬다면 우리는 못된 개로 변신해요. 우리에게 친절과 애정을 베풀고 주의를 기울여 준다면 우리도 착해질 거예요!

캉캉 짖고 잘 물 수도 있음.

온순하고 애교를 부릴 수도 있음.

난 뾰족뾰족한 개 목걸이를 좋아하지 않아요. 폭신하고 부드러운 걸 더 좋아하죠.

공 좀 던져 줄래요?

팩트 체크:

* 핏불테리어, 스태퍼드셔 불테리어, 도베르만 핀셔, 셰퍼드, 로트와일러 같은 대형견들은 생김새와 덩치 때문에 평판이 나빠요. 하지만 이들은 가정에서 함께 살 수 있도록 온순하게 길들일 수 있지요.

* 독일산 셰퍼드는 경찰과 함께 일하면서 범죄자를 추적하는 데 도움을 줘요. 사람들이 뭐라고 하든 셰퍼드는 일하느라 너무 바빠서 신경 쓸 겨를도 없답니다!

* 몇몇 개들은 사람이 가까이 다가오면 무서워해요. 그러니 항상 개는 조심스럽게 대해야 하고 쓰다듬기 전에 꼭 주인에게 물어보세요.

* 학대받아 불안정해진 개들도 다시 괜찮아질 수 있어요. 그저 애정이 필요했을 뿐이니까요.

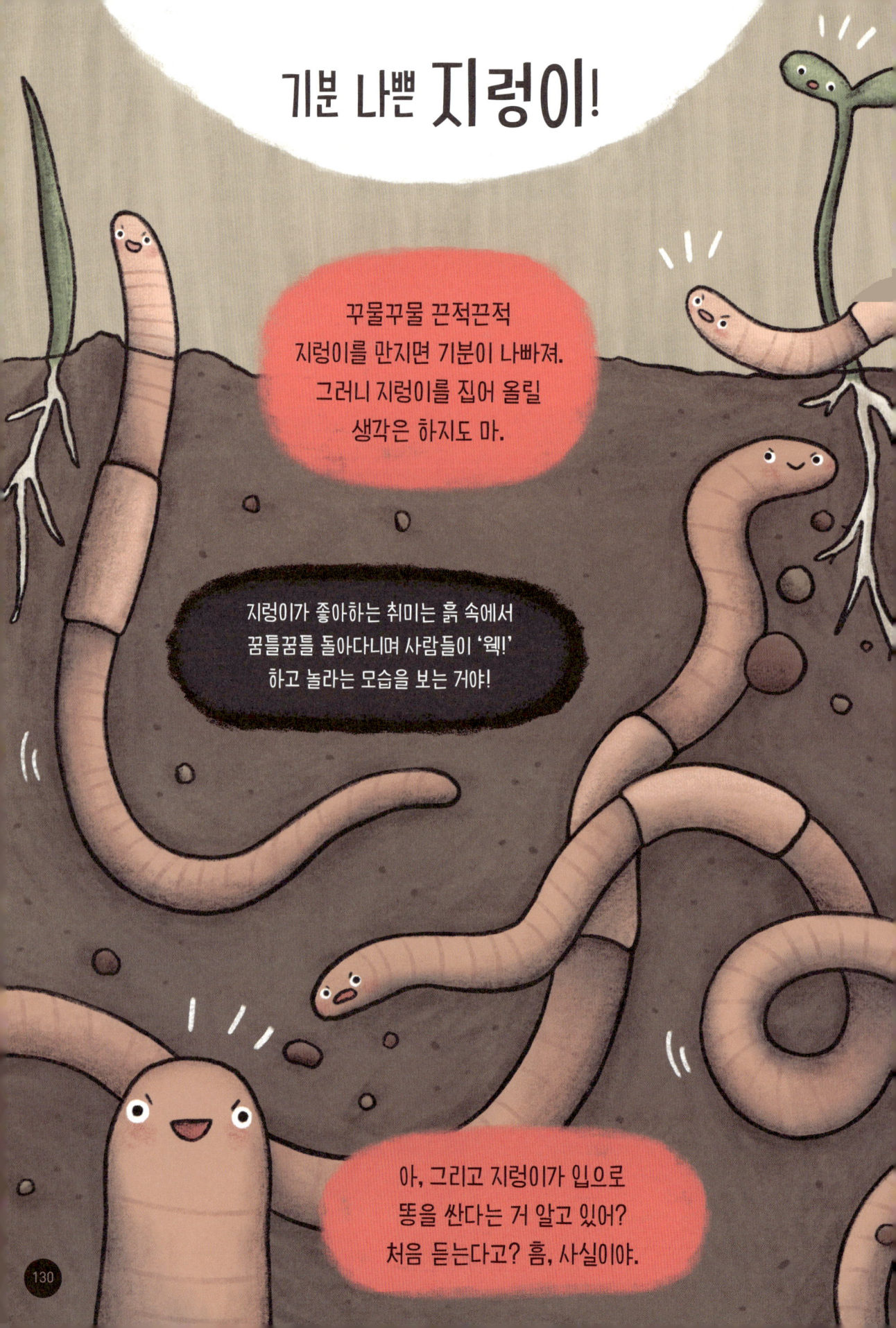

너무 함부로 판단하는군요!

작은 동물들은 나를 맛있게 잡아먹어요.
내 몸은 영양분도 많고 맛이 좋기 때문이죠!
내게는 목숨이 달린 문제지만 세상이
잘 돌아가도록 돕는 셈이니 난 괜찮아요!

내가 흙 속을 꿈틀꿈틀 돌아다니며 온종일 땅을 파는 건 사실이에요. 하지만 그게 뭐 나쁜가요? 내가 좋아하는 일인걸요! 여러분도 나중에 한번 해 보세요. 직접 해 보면 무척 즐겁답니다!

팩트 체크 :

* 지구상에는 약 6,000종의 지렁이가 있어요. 남극을 제외한 모든 대륙에 지렁이가 살죠. 지렁이는 공룡만큼이나 오랜 옛날부터 지구에 살았어요. 약 2억 년 전부터 꿈틀거렸죠!

* 지렁이는 빛에 매우 민감해서 햇볕을 너무 오래 받으면 몸이 마비될 수도 있어요. 땡볕 아래보다 흙으로 뒤덮인 어둡고 안락한 곳을 더 좋아해요. 그러니 햇볕 아래에 놓인 지렁이를 발견한다면 그늘진 풀밭으로 옮겨서 구조해 주세요!

* 지렁이는 심장이 5개예요! 사람의 심장처럼 4개의 방으로 나뉘어 있지 않고 횡심장이라고 하여 길쭉한 모양이에요.

* 오스트레일리아에는 지구상에서 가장 긴 지렁이인 왕지렁이가 살아요. 이 종은 몸길이가 놀랍게도 최대 3m나 된답니다! 이런 지렁이가 풀밭에 기어 다닌다면 당장 눈에 띄겠죠!

신비로운 지렁이에 관해 더 많이 알아 보세요.

한두 가지만 짚고 넘어갈게요.

난 사실 '용'이 아니에요.

용이 아니라 왕도마뱀이죠.
동화책에 나오는 것처럼 입에서 불을
내뿜거나 마을을 활활 태우지 않아요.
비늘이 덮인 커다란 날개도 없고
당연히 공주님을 납치하지도 않아요.

난 덩치 큰 동물이지만 사실 꽤 똑똑해요.
아, 그리고 내가 몸집이 크다고 해서
느릿느릿하다고 착각하지 말아요.
필요할 때는 무척 빨리 움직이니 말이에요.

내 침에 대해서도 해명할게요. 내 침은
별다를 바 없는 보통의 침이고 묻는다고 해도
뭔가가 녹을 만큼의 독은 없어요!

하지만 내가 누군가를 깨물면 그때
비로소 독 성분이 퍼지죠. 그러니
내 입 가까이에는 오지 않는 게 좋아요.
누구든 단점은 있죠.

휴, 다행이다!

난 덩치가 작은 새끼 때만 나무에 오를 수 있어요. 어른 도마뱀이 되면 몸이 아주 커져서 나무에는 올라가지 못해요.

팩트 체크 :

* 코모도왕도마뱀은 지구상에서 가장 커다란 도마뱀이에요. 몸길이가 최대 3m에 몸무게는 136kg이 넘죠.

* 코모도왕도마뱀은 무척 희귀해서 몇몇 섬에서만 살고 있어요. 인도네시아 코모도 국립공원과 플로레스섬 같은 곳들이죠.

* 놀랍게도 코모도왕도마뱀은 짝짓기하지 않아도 새끼를 밸 수 있답니다! 이것을 '무성생식'이라 해요.

* 코모도왕도마뱀은 줄 당기기 놀이를 하거나 튜브와 신발을 갖고 장난을 치기도 해요.

이 작고 뭉툭한 발가락을 봐요. 귀엽죠!

난 육식동물이에요. 고기를 즐겨 먹는다는 뜻이죠.
내가 꽤 사나운 사냥꾼인 건 사실이에요.
하지만 난 이미 죽은 동물의 고기도 많이 먹는답니다.
주변 환경이 깨끗해지도록 돕는 거죠.

돼지는 더러워!

돼지는 더럽고, 게으르고, 냄새나고, 성격이 나쁘고, 욕심이 많아.
진흙에서 뒹구는 걸 좋아하지.

진흙, 진흙, 진흙이 정말 좋아!

돼지는 진흙탕처럼 더러운 걸 아주 좋아해.

다 틀렸어요!

일단 나는 땀을 흘리지 않아요!

햇볕에 몸이 타기 때문에 진흙을 바르는 거예요. 그러면 뜨거운 태양으로부터 내 피부를 지킬 수 있거든요.

진흙에서 뒹구는 건 정말 신나요. 해 본 적 없나요? 재미있으니까 한번 시도해 보세요!

팩트 체크:

* 돼지는 세계에서 다섯 번째로 똑똑한 동물로 알려져 있어요. 심지어 고양이나 개보다도 똑똑하답니다!

* 어미 돼지들은 '꽤액!' 하는 독특한 소리를 내서 태어난 지 얼마 안 된 새끼들에게 먹이 먹을 시간이라고 알려 줘요. 새끼들은 그 소리가 나면 어미에게 얼른 뛰어오도록 배우죠!

* 비록 더러운 동물이라는 선입견이 있지만, 돼지는 사실 깨끗한 동물로 손에 꼽혀요. 돼지가 진흙에서 뒹구는 건 땀샘이 없기 때문이에요. 진흙이 몸을 시원하게 식혀 주고 체온을 조절하는 데 도움이 되거든요.

* 돼지는 절대 게으르지 않아요! 돼지들은 끊임없이 코를 킁킁거리며 움직이고, 어른 돼지들은 1시간에 거의 18km까지 달릴 수 있어요!

나는 사실 무척 깨끗한 동물이에요. 언제나 내가 생활하는 곳과 최대한 멀리 떨어진 장소에 똥을 쌀 정도라고요.

'꿀꿀' 내 울음소리, 좀 귀엽지 않나요? 몰캉거리는 코와 살짝 말린 꼬리도 귀여운 포인트죠!

'돼지같이 먹는다'라는 말을 처음 한 사람은 분명 우리가 먹이 먹는 모습을 본 적이 없을 거예요. 우리는 사실 천천히 조심스럽게 식사를 한다고요. 그러니 그런 말 그만해요!

우리는 성격이 좋아요! 아주 다정한 동물이랍니다. 한번 껴안아 볼래요?

새끼 돼지처럼 귀엽고 예쁜 생명체가 이 세상에 또 있을까요?

나를 잘 모르는군요!

내가 이렇게 예쁘다는 걸 어떻게 모를 수 있죠? 난 눈 깜짝할 사이에 몸 색깔을 바꿀 수도 있어요. 이런 능력이 있는 동물은 별로 없을걸요? 자, 봐요. 나는 지금 노란색일까요, 파란색일까요? 알아맞혀 봐요!

내가 멋진 촉수로 물고기를 사냥하는 건 사실이에요. 하지만 저녁거리를 구하는 게 뭐가 잘못이죠? 여러분도 장 보러 가잖아요!

내 눈이 큰 것도 사실이에요. 하지만 내 눈이 엄청나게 사랑스럽다는 사실을 빼먹으면 안 되죠!

앗, 이런…….

잘 살펴보면 내 빨판은 '소름 끼치는' 게 아니라 무척 신기하고 놀라운 거랍니다!

나는 2개의 촉수와 8개의 다리를 가졌어요. 아니, 다리가 아니라 팔이라고 해야 맞으려나요? 어쨌든 이것들로 먹잇감을 잡는답니다!

나는 아무런 이유 없이 먹물을 내뿜지 않아요. 스스로를 지키려는 용도로만 사용하죠. 먹물을 뿜으면 나를 잡아먹으려는 포식자들의 눈앞이 흐려져서 얼른 도망칠 수 있거든요!

팩트 체크 :

* 전 세계에는 약 300종의 오징어가 있어요. 오징어는 등뼈가 없는 무척추동물이자 연체동물이랍니다. 달팽이들과 친척이라는 뜻이에요!

* 오징어는 심장이 3개예요! 그래서 그렇게 매력적인지도 모르죠.

* 오징어 가운데 몇몇 종은 무척추동물 가운데 손꼽힐 만큼 몸집이 커요. 대왕오징어와 남극하트지느러미오징어는 몸길이가 12m 넘게 자라고 눈이 농구공만 하죠. 우리가 아는 웬만한 동물보다 커요!

* 오징어는 먹물을 뿜는 것 말고도 포식자를 피하기 위해 몸 색깔을 바꾸거나 위장하기도 해요. 어떤 오징어는 몸을 거의 투명하게 만들어서 눈에 띄지 않게 하기도 해요.

안녕, 깊은 바다에 사는 나의 사촌아!

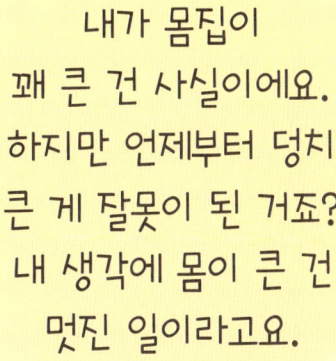

내가 몸집이 꽤 큰 건 사실이에요. 하지만 언제부터 덩치 큰 게 잘못이 된 거죠? 내 생각에 몸이 큰 건 멋진 일이라고요.

날 한 번도 제대로 관찰한 적 없죠. 그렇죠?

갈매기는 그렇게 나쁜 새가 아니에요!

우리는 먹을 것을 좋아하기 때문에 여러분이 바닷가에서 맛있는 과자를 들고 있으면 헷갈려요. 우리를 주려는 건지, 아닌지 말이에요! 그래서 달려드는 거랍니다.

난 새우 과자만 먹는 게 아니에요. 스스로 물고기를 사냥하거나 바닷가에 떨어진 먹잇감을 먹어서 주변을 깨끗이 치우는 역할도 해요.

우리에게 과자나 아이스크림을 줄 필요 없어요. 물론 맛은 있지만 그걸 받아먹는 게 우리에게 좋지는 않으니까요.

나는 흙 속에서 지렁이가 올라오도록 몸을 흔들며 살짝 발을 구르는 춤을 추기도 해요. 그러면 지렁이들은 비가 오는 줄 알고 바깥에서 벌어지는 일을 살피러 흙 밖으로 나온답니다.

저 갈매기가 뭐라는 거야?

우리와 점심을 같이 먹고 싶다는 것 같아!

팩트 체크:

* 갈매기는 전 세계 곳곳에서 살아요. 혼잡한 도시의 길거리를 날아다니기도 하고, 드넓은 푸른 바다 위를 날아오르기도 하죠. 심지어 덜덜 떨리도록 추운 남극이나 북극에서도 살아요.

* 갈매기는 무척 머리가 좋은 새여서 여러 가지 영리한 방법으로 먹이를 구해요. 예컨대 땅에서 발을 굴러 지렁이들이 비가 오는 줄 알고 밖으로 기어 나오도록 하거나, 달팽이, 조개, 굴 같은 연체동물을 바위에 떨어뜨려 껍데기를 깨기도 하죠!

* 갈매기들은 다양한 울음소리와 움직임으로 서로 의사소통해요. 그리고 새끼들을 아주 잘 돌본답니다.

* 다른 동물들과 달리 갈매기는 짠 바닷물을 마시고도 몸이 아프지 않아요! 콧구멍을 통해 염분을 제거하고 머리를 흔들어 부리 끝으로 짠 물방울을 흩뿌려 없앨 수 있거든요.

우리를 쓰레기통에 버려 줘!

새똥을 맞으면 행운이 찾아온다는 소문도 있어요! 물론 냄새가 더 날 수도 있지만요…….

우리도 쓰레기를 먹고 싶지는 않아요. 우리가 아프거나 다치지 않도록 바닷가에 쓰레기를 함부로 버리지 말아 주세요.

나는 포식 동물로서 생태계에서 중요한 역할을 해요. 다른 동물들을 먹어 치워 지구에 사는 동물의 수를 균형 있게 만들어 주죠.

나는 흥미로운 조그만 동물이라고요!

팩트 체크 :

* 늑대거북은 대부분의 시간을 물속에서 보내요. 주로 호수나 연못에 살죠. 하지만 알을 낳을 때는 육지로 올라와 모래 속에 낳아요.

* 늑대거북의 혀는 턱에 고정되어 있어서 물속에서 먹이를 먹어야 해요. 먹잇감이 움직이는 동안만 씹을 수 있거든요.

* 늑대거북의 한 종류인 악어거북은 혀끝에 지렁이처럼 생긴 미끼가 달렸어요. 이 미끼를 꿈틀거리며 물고기가 다가오도록 꼬인 다음 잡아먹죠!

* 오스트레일리아에 사는 흰목늑대거북은 '엉덩이로 숨 쉬는 거북'이라는 별명을 가졌어요. 호흡량의 거의 70%에 달하는 산소를 항문으로 흡수하거든요.

안녕하세요!

엄마가 우리와 같은 알을 40개 낳았어요.

난 아주 동그랗고 조그만 알을 낳아요. 얼마나 귀여운지!

나는 태즈메이니아섬에서 온 귀염둥이라고요!

나에게는 악마 같은 구석이 전혀 없어요.

팩트 체크:

* 야생의 태즈메이니아데블은 오스트레일리아 태즈메이니아섬 출신이에요. 태즈메이니아데블은 새끼를 몸에 있는 주머니에 넣어서 기르는 유대류 가운데 가장 큰 육식동물이에요. 키는 80cm 정도예요.

* 태즈메이니아데블은 암컷이 몸에 있는 작은 주머니에 새끼를 넣어 다니는데 한 번에 4마리를 데리고 다닌다고 해요. 태즈메이니아데블 새끼는 정말 귀엽답니다!

* 태즈메이니아데블은 사나운 동물이라는 오해를 받지만 사실은 인간에게 괴롭힘을 당한 역사가 있어요. 태즈메이니아데블은 1800년대 후반에 많은 수가 사냥을 당해 거의 멸종될 지경에 이르렀죠. 다행히도 1941년 오스트레일리아 정부가 이 동물을 보호하는 법을 만들었어요.

* 태즈메이니아데블은 먹이를 찾기 위해 멀리까지 떠나요. 하룻밤에 최대 16km를 이동하죠.

내가 뭔가를 먹을 때 조금 흥분하는 건 인정해요. 하지만 그건 내가 먹는 걸 좋아하기 때문이라고요!

난 몸집이 작지만 꽤 멋있는 동물이에요. 아무리 조그마해도 이 지구에서 살아가려고 애쓰고 있다고요. 그러니 놀리지 말아요!

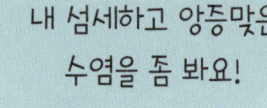

내 섬세하고 앙증맞은 수염을 좀 봐요!

난 발랄한 털북숭이 동물이에요!

나는 여러분을 잡아먹지 않아요. 겁주지만 않으면 나도 여러분을 물지 않을 거예요. 내가 자유롭게 살도록 내버려 두세요. 그러면 우리는 문제없이 잘 지낼 수 있어요!

엄마 몸에서 갓 태어났을 때 새끼의 크기는 고작 쌀알 정도예요. 달리 말하면 엄청나게 작고 귀엽다는 거죠!

내가 내는 소리는 그저 친구들을 부르는 소리일 뿐이에요. 그러니 겁먹을 필요 없어요!

알아봐요

갑각류 게, 바닷가재, 새우를 포함하는 동물 무리.

거미류 거미, 전갈, 진드기를 포함하는 동물 무리.

곤충 개미, 말벌, 딱정벌레를 포함하는 동물 무리.

기후 어떤 장소에서 보통 나타나는 날씨. 덥거나 추울 수도 있고, 건조하거나 비가 많이 내릴 수도 있어요.

대륙 여러 나라로 이루어진 커다란 땅덩어리.

대형 새 떼가 다 함께 날아갈 때 만드는 모양.

독 만지거나 삼켰을 때, 동물이 물거나 쏘았을 때 몸을 아프게 하는 물질.

동공 눈의 검은색 동자.

마비 근육이 기능을 잃어버리는 일. 감각이 없어지고 힘을 제대로 쓰지 못하게 돼요.

먹이사슬 동물들이 사냥해서 서로를 잡아먹는 방식. 먹이사슬의 가장 위에 있는 동물은 누구에게도 잡아먹히지 않아요.

먹잇감 다른 동물에게 잡아먹히는 동물.

몸단장 동물이 자기 몸을 깨끗하게 가꾸는 것.

발광 빛을 내는 것.

본능 동물이 자기가 살아남는 방법을 스스로 아는 것. 동물은 본능적으로 사냥을 하거나 자신을 지키는 법을 알고 있어요.

분비샘 땀 같은 특정 액체를 만들어서 내보내는 기관. 가끔은 여기에서 독이 만들어지기도 해요.

사체 죽은 동물의 몸.

사체를 먹는 동물 직접 사냥하는 대신 다른 동물이 이미 사냥한 동물의 사체를 훔쳐 먹는 동물.

살충제 농부들이 해충을 죽이는 데 쓰는 화학물질.

생태계 하나의 터전에 모든 동물과 식물이 서로 연결되어 의존하는 관계.

서식지 어떤 동물이 사는 장소. 사막이나 열대우림, 바다 등이 동물의 서식지가 될 수 있어요.

설치류 쥐, 생쥐, 기니피그를 포함하는 동물 무리.

세균 조그만 미생물. 몇몇 세균은 사람을 병들게 하지만, 대부분의 동물들은 살아가는 데 세균이 필요해요.

수분 식물이 번식하는 방식. 곤충이 먹이를 구하려고 꽃 안에 들어갔을 때 곤충의 다리에 붙은 꽃가루가 다른 꽃으로 옮겨져 식물이 번식해 새로운 식물이 자라나도록 하는 것을 말해요.

신진대사 동물이 먹이를 먹고 에너지를 만드는 방식.

아귀의 미끼 낚싯대와 비슷하게 생긴 아귀의 신체 부위. 빛이 나거나 물고기의 먹잇감처럼 생겼어요. 아귀는 이 기관으로 다른 물고기가 가까이 헤엄쳐 오도록 꾀어 잡아먹어요.

애벌레 곤충의 새끼.

양서류 개구리, 두꺼비, 도롱뇽을 포함하는 동물 무리.

연체동물 달팽이, 민달팽이, 굴이 포함된 동물 무리.

열 감지 기관 어떤 동물이 온기가 있는 무언가를 건드렸을 때 열을 느끼게 하는 기관.

영역 어떤 동물이 살면서 먹이를 얻는 땅의 부분. 몇몇 동물은 자기 영역에 다른 동물이 들어오면 싸워서 쫓아내요.

위장 어떤 동물이 눈에 띄지 않도록 주변 환경에 맞춰 몸 색깔이나 무늬를 바꾸는 것.

유대류 몸에 달린 주머니에 새끼를 넣어 데리고 다니는 포유류의 한 종류.

육식동물 고기만 먹고 사는 동물.

의사소통 동물이 서로 이야기하는 방식. 소리를 활용하기도 하지만 가끔은 움직임이나 냄새를 이용하기도 해요.

잡식동물 동물과 식물을 둘 다 먹는 동물.

저주파 주파수가 낮은 파동. 가끔은 너무 낮아 사람이 듣지 못하기도 해요.

점액 달팽이나 민달팽이가 자기 몸을 미끄러져 나아가도록 하는 데 사용하는 미끈거리는 물질.

종 같은 동물 무리를 일컫는 말. 예컨대 생쥐는 거미와 다른 종이지만 생쥐와 거미 안에도 여러 다른 종류가 있어요.

진딧물 식물에서 수액을 빨아 먹는 작은 벌레.

집게발 열었다 닫았다 할 수 있는 날카로운 집게 같은 발.

초식동물 식물만 먹고 사는 동물.

페로몬 동물이 냄새를 통해 다른 동물과 의사소통할 수 있도록 하는 자연적인 화학물질.

포식자 다른 동물을 먹잇감으로 사냥해 잡아먹는 동물.

포유동물 젖을 먹여 새끼를 키우는 동물. 개, 코끼리, 인간 등을 포함해요.

허물벗기 털이나 깃털, 허물을 벗어 새로운 털이나 피부가 자라도록 하는 것.

화석 먼 옛날의 동물이나 식물의 흔적이 돌처럼 굳어 버린 것. 가끔 바위에서 화석이 발견돼요.

환경 동물과 식물을 포함한 자연 세계.

후손 동물의 새끼.

지음 소피 코리건

영국에서 활발하게 작품 활동을 펼치는 일러스트레이터. 센트럴랭커셔대학교에서 일러스트를 전공하고 그림책 관련한 석사 학위를 받았어요. 2017년에 출간한 그림책 〈나는 작은 원숭이(I'm a Little Monkey)〉가 좋은 평가를 받은 이후 다양한 어린이책 출판사와 함께 활발하게 활동하고 있습니다.

옮김 김아림

서울대학교와 대학원에서 생물학과 철학을 공부했어요. 출판사 편집자를 거쳐 지금은 번역가와 기획자로 활동 중입니다. 〈어린이를 위한 사피엔스〉, 〈꽃은 알고 있다〉, 〈도덕의 탄생〉, 〈랜드 오브 스토리〉 시리즈 등 여러 책을 우리말로 옮겼어요. thaiqool@gmail.com

웅진주니어

비호감으로 오해받고 있습니다
– 미움받는 동물들의 명예 회복 프로젝트

초판 1쇄 발행 2020년 11월 9일 | **초판 5쇄 발행** 2023년 9월 11일 | **지음** 소피 코리건 | **옮김** 김아림
발행인 이재진 | **편집장** 안경숙 | **편집** 윤정원 | **디자인** 진보라
마케팅 정지운, 박현아, 원숙영, 신희용, 김지윤 | **제작** 신홍섭 | **국제업무** 장민경, 오지나

펴낸곳 (주)웅진씽크빅 | **주소** 경기도 파주시 회동길 20 (우)10881 | **문의전화** 031)956-7403(편집), 031)956-7069, 7569(마케팅)
홈페이지 www.wjjunior.co.kr | **블로그** blog.naver.com/wj_junior
페이스북 facebook.com/wjbook | **트위터** @new_wjjr | **인스타그램** @woongjin_junior
출판신고 1980년 3월 29일 제406-2007-00046호 | **제조국** 대한민국
원제 THE NOT BAD ANIMALS | **한국어판 출판권** ⓒ웅진씽크빅, 2020
ISBN 978-89-01-24570-6 74000 · 978-89-01-24175-3(세트)

THE NOT BAD ANIMALS by Sophie Corrigan
Text & Illustrations © 2020 Sophie Corrigan
First published in 2020 by Frances Lincoln Children's Books, an imprint of The Quarto Group.
All rights reserved. This Korean edition was published by Woongjin Thinkbig Co., Ltd.
in 2020 by arrangement with Quarto Publishing Plc.

웅진주니어는 (주)웅진씽크빅의 유아·아동·청소년 도서 브랜드입니다. 이 책의 한국어판 출판권은 The Quarto Group과 맺은 독점계약으로 (주)웅진씽크빅에 있습니다. 저작권법에 의해 한국 내에서 보호를 받는 저작물이므로 무단 전재와 무단 복제를 금지하며, 이 책 내용의 전부 또는 일부를 이용하려면 반드시 저작권자와 (주)웅진씽크빅의 서면 동의를 받아야 합니다.

＊잘못 만들어진 책은 바꾸어 드립니다.
⚠ 주의 1. 책 모서리가 날카로워 다칠 수 있으니 사람을 향해 던지거나 떨어뜨리지 마십시오. 2. 보관 시 직사광선이나 습기 찬 곳은 피해 주십시오.